于 漪 主编

"青青子衿"传统文化书系

平等公正

项 樟 刘佳盈 编著

山西出版传媒集团
山西教育出版社

图书在版编目（CIP）数据

平等公正/项樟，刘佳盈编著．—太原：山西教育出版社，2016．5（2022.6 重印）
（“青青子衿”传统文化书系/于漪主编）
ISBN 978-7-5440-8346-1

Ⅰ．①平… Ⅱ．①项… ②刘… Ⅲ．①中华文化-通俗读物 Ⅳ．①K203-49

中国版本图书馆 CIP 数据核字（2016）第 065528 号

平等公正
PINGDENG GONGZHENG

责任编辑 荆建强
复　　审 冉红平
终　　审 杨　文
装帧设计 薛　菲　孟庆媛
印装监制 赵　群

出版发行 山西出版传媒集团·山西教育出版社
（太原市水西门街馒头巷 7 号　电话：: 0351-4729801　邮编：030002）
印　　装 北京一鑫印务有限责任公司
开　　本 889×1194　1/32
印　　张 4.75
字　　数 97 千字
版　　次 2016 年 5 月第 1 版　2022 年 6 月第 2 次印刷
印　　数 8 001—11 000 册
书　　号 ISBN　978-7-5440-8346-1
定　　价 48.00 元

如发现印装质量问题，影响阅读，请与印刷厂联系调换。电话：010-61424266

序言

文化是民族的血脉，是人的精神家园。

一颗没有精神家园的心灵，就会浮游飘荡，既不可能潜心思考自己生命的意义与价值，也不可能对他人有真挚的情感关切，更不可能对社会有发自肺腑的责任感。

中华传统文化源远流长，其中的优秀遗产积淀着中华民族最深层的精神追求，代表着中华民族独特的精神标志，为中华民族生生不息发展壮大提供了丰厚滋养。她哺育了一代代中华优秀儿女，支撑他们成为中国的脊梁。

成长中的青少年认真汲取其中的精华和道德精髓，就会长智慧，明方向，增力量，懂得自己根在何处，魂在何方。经典活在时间的深处；价值追求，在文字海洋里奔腾。《"青青子衿"传统文化书系》助你发现其中蕴含的优秀文化基因，探寻当下时代的使命，让您有渴饮琼浆的快乐，醍醐灌顶的惊喜。

于漪 2015年岁末

20×20＝400　　第　页

前言

在我国悠久的文明历史中，平等和公正一向是我们中华民族的优秀文化传统。

儒家的“天下大同”设想，道家的“玄同”理念，墨家的“兼爱非攻”主张，法家的“刑无等级”制度，等等，都彰显了平等的价值和意义。

公正，更是古代思想家治国安邦的施政理念。《荀子·正论》中说：“故上者，下之本也。上宣明，则下治辨矣；上端诚，则下愿悫矣；上公正，则下易直矣。”大意是：君主是臣民的根基。君主开明，臣民就能治理好了；君主端正诚实，臣民就老实忠厚了；君主公平正义，臣民就坦荡正直了。

对于平等公正，春秋时期的晏子在总结夏桀和商纣灭亡的教训时就指出其重要性。他认为夏桀和商纣灭亡的原因在于君主没有把平等公正作为社会价值观加以推进，因而“惠不遍加于百姓，公心不周乎万国”。的确，君主对广大百姓不能平等相待，恩惠怎么可能公正地遍及广大百姓呢？肯定只有一部分。君主对各个诸侯如果不能一视同仁，国家的资源或财政收入怎么可能让每个诸侯都公平地享有呢？肯定也只有一部分。这势必会影响君主政权的稳定和社会的和谐。

管子等古代思想家就非常有智慧，他们都竭力主张平等公正的社会价值观。他们认为人人平等是必须的，它是公正的基础，必须倡导用一个标准对待不同的社会成员，这样，无论面对的是“富贵众强”还是“贫贱卑辱”，都能做到“公平而无所偏”。

“观今宜鉴古，无古不成今。”古代思想家有关平等公正话题的文化阐述，对于我们现代人来说也有传承和弘扬之必要。平等公正，是一切文明所共同珍视、追求的社会价值目标，把“平等”和“公正”纳入中国特色社会主义核心价值观，说明平等公正已经成为中国特色社会主义的基本特征和要求。从这个意义上讲，阅读古代思想家有关平等和公正话题的文选，恰逢其时，它有助于我们在践行社会主义核心价值观的时候，把优秀传统文化传承好，弘扬好，发展好。

目录

第一章　平等公正：人类永恒的诉求

第二章 平等公正：公民权利的保障

第三章　平等公正：人类良知的坚守

第四章　平等公正：以制度设计为规范

第五章　平等公正：以中庸思维为方法

第六章　平等公正：和谐社会之必须

第一章　平等公正：人类永恒的诉求

一 民惟邦本

【原文选读】

皇祖有训，民可近而不可下。民惟邦[1]本，本固[2]君宁。予临兆民，懔乎若朽索之驭六马，为人上者，奈何不敬。

（选自《尚书·五子之歌》）

注释：

①惟：表示判断；邦：国家。

②固：稳固。

【文意疏通】

夏国的国君太康，本是禹的孙子，他在继任国君后荒淫无度，老百姓因此十分怨恨。有一次，太康到洛水的南面去打猎，一连三个月不回京城。有穷国的君主羿趁机篡夺了夏国的政权。

太康有五个弟弟，当羿起兵反叛时，他们用车载着母亲从京城逃了出来。后来，太康的五个弟弟一起写作了一首“五子之歌”，追述了大禹的功绩，谴责了太康作为国君不把民众放在心上。其中有的歌词这样写道：“英明的祖先告诫我们：人民只能亲近而不可以鄙视。因为国家有了人民，好比大树稳固了根。一个人统率着广大民众，就好比用腐朽的绳索驾驭着奔驰的快马，随时要保持战战兢兢的执政态度。”

太康死后，弟弟中康立为国君。后来，羿世荒淫无道，广大民众起来反抗他。中康和弟弟们趁机起兵，恢复了夏国。

【义理揭示】

先前，古人认为“国之存亡，天也”，君主“受天之命”治理国家，故称“天子”。随着历史演进，古代统治者越来越认识到只有爱民、为民、乐民才能治理好国家。

《尚书》中的这几句话，就是民本思想的最早体现，它强调了人民在国家生活中的重要地位和根本作用。如果忽视广大民众的诉求，不能公正对待他们，那么君主的统治地位势必就会摇摇欲坠。

二 玄　同

【原文选读】

塞其兑[①]，闭其门；挫其锐[②]，解其纷；和[③]其光，同其尘。

是谓玄同。

（选自《老子·五十六章》）

注释：

①兑：孔洞，穴窍。

②锐：锋芒。

③和：蕴藏。

【文意疏通】

堵塞欲望之窍，关闭钻营之门；挫去锋芒，解脱纷扰；蕴藏光彩，混同尘俗。这就达到了与道合一的境界。

【义理揭示】

在老子看来，圣贤之人与寻常之人在表现上没有差别，即使是圣贤，你也不应该光彩四射、令人仰视，而应该放低自己，做到“挫锐”“解纷”“和光”“同尘”，那么人我之别、地位之别、知识之别也就自然而然地消失了，世界就会实现“玄同”。老子所追求的这种境界，带有人人平等的意味。

的确，每个人不论身份高低、财富多少、学问深浅、年龄大小，在人格上都是平等的。那些自视甚高、自以为高人一等之人，首先在道德素质上就已经输人一等，何论其他。人与人之间相处应该收敛彼此的锋芒，以平等的心态交往、相处。

三 百姓之心

【原文选读】

圣人常无心，以百姓之心为心。

（选自《老子·四十九章》）

【文意疏通】

圣人治理国家常常没有自己的意见，而是以百姓的意见为意见。

【义理揭示】

在老子看来，一切从政者必须顺应民意，关注民生，造福百姓，因为老百姓的诉求就是从政者努力的方向。就是要"以人为本，执政为民"。

四 民莫之令而自均

【原文选读】

天地相合，以降甘露①，民莫之令②而自均。

（选自《老子·三十二章》）

注释：

①天地相合，以降甘露：天之气和地之气相互交融而降下甘露。甘露，甜美的露水。这属于"天人感应"思想。古人认为，社会政治清明，

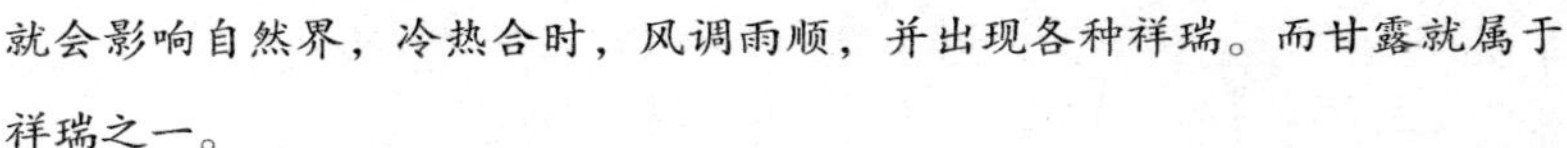

就会影响自然界，冷热合时，风调雨顺，并出现各种祥瑞。而甘露就属于祥瑞之一。

②民莫之令：即“民莫令之”，没有人指使它。古代“民”与“人”通用。之，代指自然、天地。

【文意疏通】

天之气和地之气相互交融就会降下甘露，没有人指使它们就自然均匀安定。

【义理揭示】

老子在这里明确主张经济分配要均衡平等。也就是说，均平乃是自然或社会运行的一种规律，执政者一定要依此修为。

五　不患寡而患不均

【原文选读】

有国有家者①，不患寡而患不均②，不患贫而患不安。盖均无贫，和无寡，安无倾③。

（选自《论语·季氏》）

注释：

①有国有家者：指诸侯和卿大夫。

②寡：指土地和人民稀少。均：指财富分配均平，注重调节各阶层的收入。

③安无倾：人民安定下来，国家就不会遭遇覆亡的危险。

【文意疏通】

统治国家和家族的人，不担心地狭人稀，而担心财富不能够平均分配，不害怕国家贫穷、弱小，而害怕不能使人民安定下来。如果能够平均分配财富，那么人民就不会困顿，国家就不会贫困；如果能够使统治者和广大人民同心同德、和谐相处，那么国家就不会势单力薄；如果能够使人民安定下来，国家就不会遭遇覆亡的危险。

【义理揭示】

在孔子看来，国家的基础薄弱不要紧，只要治理得当，就能使国家免受贫困和战乱的威胁，就能使国家走上复兴之路。治理国家的关键在于要能够平均地分配财富，调节各阶层的收入，使贫者和富者都能“各得其分”，不至于过度富裕，也不至于过度贫穷。这样，社会上各阶层的人才能够衣食无忧，人民的生产和经营活动才能够长期、稳定地进行下去，从而才能促进社会的繁荣与稳定。

六 官无长贵，民无终贱

【原文选读】

以德就列[①]，以官服事[②]，以劳殿赏[③]，量功而分禄[④]。故官无常贵[⑤]，而民无终贱[⑥]。有能则举之，无能则下之，举公义[⑦]，辟私怨[8]。

（选自《墨子·尚贤上》）

注释：

①以德就列：以德来安排官位。列，安排位置。

②服事：此指行事的权限。

③劳：功劳。殿：定、行。

④量：裁量、衡量。

⑤常贵：永久的富贵。

⑥终贱：永远的贫贱。

⑦公义：公平正义。

⑧辟：通“避”，避开。

【文意疏通】

统治者要根据人的德行来安排官位，根据官职的高低来赋予行事的权限，根据功劳的大小来行赏，分配俸禄。因而官吏不会有永久的富贵，而百姓也不会永远贫贱，能者上，庸者让，选拔人才坚持公平正义而避开私人恩怨。

【义理揭示】

墨子一方面主张君臣平民的平等，一方面主张政治参与、举官制度的平等，反对因血缘宗法制度所造成的政治参与的不平等，反对因袭、注重身份门第和“任人唯亲”的举官褊狭。这种主张所彰显的政治平等观是对贵族统治的挑战，有利于促进社会的竞争性流动，打破了基于门第观念的僵化的用人制度。

七 申徒嘉与郑子产

【原文选读】

申徒嘉，兀者也，而与郑子产同师于伯昏无人[①]。子产谓申徒嘉曰：“我先出则子止[②]，子先出则我止。”其明日，又与合堂同席而坐。子产谓申徒嘉曰：“我先出则子止，子先出则我止。今我将出，子可以止乎，其[③]未邪？且子见执政而不违[④]，子齐[⑤]执政乎？”

申徒嘉曰：“先生之门，固[⑥]有执政焉如此哉？子而说子之执政而后人[⑦]者也？闻之曰：‘鉴明则尘垢不止，止则不明也。久与贤人处则无过。’今子之所取大者[⑧]，先生也，而犹出言若是，不亦过乎！”

（选自《庄子·德充符》）

注释：

①申徒嘉：姓申徒，名嘉，郑国贤人。郑子产：郑国国相。伯昏无人：庄子寓言中的虚构人物。

②止：停止，留下。

③其：还是，抑或。

④违：回避。

⑤齐：等同。

⑥固：岂。

⑦后人：以别人为后，含有瞧不起别人的意思。

⑧大者：这里指广博精深的见识。

【文意疏通】

申徒嘉是一个断了脚的人，跟郑子产同拜伯昏无人为师。子产对申徒嘉说："我先出去，那么你就留下，你先出去，那么我就留下。"到了第二天，子产和申徒嘉同在一个屋子里、同在一条席子上坐着。子产又对申徒嘉说："我先出去，那么你就留下，你先出去那么我就留下。现在我将出去，你可以稍留一下吗，抑或是不可以呢？你见了我这执政大臣却不回避，你把自己看得跟我一样吗？"

申徒嘉说："伯昏无人先生的门下，岂能有这样的执政大臣？你津津乐道执政大臣的地位，而把别人都不放在眼里吗？我听说：'镜子明亮不落灰尘，落上灰尘就不会明亮。常跟贤人相处就会没有过错。'你拜师求学修德，这正是先生所倡导的大道，而你竟说出这话，不是完全错了吗！"

【义理揭示】

申徒嘉是残疾人，郑子产是执政大臣。在郑子产看来，申徒嘉没有资格和他同坐在一条席子上听老师讲学。申徒嘉却不以为然，在申徒嘉看来，我和你郑子产一起同拜伯昏无人为师，目的是修德，共同提升自身的修养，你怎么能这样高高在上，盛气凌人呢？的确，人与人在经济上有贫与富之分，在外表上有美与丑之分，在职务上有高与低之分，但在人格上没有高低贵贱的差别，人格平等是人与人之间平等最为根本的内容。从这个角度来看，申徒嘉的反驳是有理有据的，这也反映了申徒嘉在人格平等上的诉求。

八 齐史不屈

【原文选读】

齐崔杼弑其君庄公，太史书曰：“崔杼弑[1]其君。”崔子杀之。其弟嗣书[2]，而死者二人。其弟又书，乃舍[3]之。南史氏闻太史尽[4]死，执简以往，闻既[5]书矣，乃[6]还。

（选自《左传·襄公二十五年》）

注释：

①弑：古代专指臣杀君，下杀上。

②嗣书：接着写。

③舍：放过。

④尽：全，都。

⑤既：已经。

⑥乃：于是，就。

【文意疏通】

齐国的崔杼杀死了他的国君齐庄公，于是太史写道：“某年某月某日，崔杼杀死了国君齐庄公。”崔杼知道后杀死了太史。太史的弟弟接着写这件事，又被杀死。太史的另一个弟弟继续写这件事，崔杼觉得这样杀人下去也不是个办法，于是放过了他。南史氏听说太史已经死了，就拿着竹简前往，又听说已经记下了这件事，就回去了。

【义理揭示】

崔杼杀死国君齐庄公，这与太史有什么关系，太史完全可以置若罔闻，与这件事撇得远远的。但是，太史却没有这样做，而是有板有眼地把这一史实记录了下来。太史为什么这样做？这是太史的职责所在。太史作为国家档案系统的行政人员，把史实公正地记录下来是他的历史使命。所以，掌握公权者在推进社会平等公正的时候，一定要肩负起自己的职责，只有这样，才能真正做到“权为民所用，情为民所系，利为民所谋”。

九 君　　臣

【原文选读】

君之视臣如手足，则臣视君如腹心；君之视臣如犬马，则臣视君如国人；君之视臣如土芥，则臣视君如寇雠。

（选自《孟子·离娄下·第三章》）

【文意疏通】

国君将臣下看作自己的手足兄弟，那么臣下对国君就会心怀感激，会把国君当作自己的心肝一样看待。如果做国君的仅仅把臣下作为工具来使用，一点人情都没有，那么臣下对国君的态度必然会发生相应的变化，他会把国君视为城中一个普通人，没有丝毫的敬意。如果国君鄙视臣下，根本不把臣下当回事，那么臣下必然会对国君不满意，甚至会把国君视为仇敌。

【义理揭示】

孟子这段话反映出他所主张的君臣关系在人格上是平等的。国君不是臣下的主子，臣下也不是国君的奴才。既然在人格上是平等的，那就应当相互尊重，你敬我一尺，我敬你一丈。如果国君与臣下的关系不正常，势必会影响到社会的稳定和执政的长久。

十 类

【原文选读】

麒麟之于走兽，凤凰之于飞鸟，太山之于丘垤[①]，河海之于行潦[②]，类也。圣人之于民，亦类也。

（选自《孟子·公孙丑上》）

注释：

①垤（dié）：蚂蚁做窝时堆在洞口的小土堆。

②潦（lǎo）：雨水。

【文意疏通】

麒麟对于走兽，凤凰对于飞鸟，泰山对于小土堆，河海对于小溪，何尝不是同类。圣人对于老百姓，也是同类。

【义理揭示】

在孟子看来，圣人与百姓同属一类，他们在人性上是一致

的、在人格上是平等的，他们的尊严是没有差别的。

十一 嗟来之食

【原文选读】

齐大饥。黔敖为食于路，以待饿者而食之[①]。有饿者，蒙袂辑屦[②]，贸贸然来[③]。黔敖左奉食，右执饮，曰："嗟[④]！来食！"扬其目而视之，曰："予唯不食嗟来之食，以至于斯也！"从而谢焉[⑤]，终不食而死。曾子闻之，曰："微与[⑥]！其嗟也可去，其谢也可食。"

（选自《礼记·檀弓》）

注释：

①黔敖：春秋时期的贵族。

②蒙袂（mèi）：用衣袖蒙着脸。辑屦（jù）：身体虚弱迈不开步子的样子。

③贸贸然：昏昏沉沉的样子。

④嗟：带有轻蔑意味的呼唤声。

⑤从：跟随。谢：表示歉意。

⑥微：不应当。与：通"欤"，表示感叹的语气词。

【文意疏通】

春秋时期，有一年齐国发生了严重的饥荒。一位名叫黔敖的财主，准备好饭食，施舍给过路的饥民。有个饥饿的人用袖子蒙着脸，无力地拖着脚步，莽撞地走来。黔敖左手拿着吃食，右手端着汤，得意地对那人叫道：“喂，过来吃吧！”不成想，那饿汉对锅里的粥饭看都不看一眼，扬起脸对黔敖说：“我就是因为不吃这种轻蔑的施舍，才饿到这般地步的！”黔敖向他表达了歉意，但饿汉坚决不吃黔敖施舍的粥饭，最终饿死在街头。曾子听说这件事后，说：“不应该啊，黔敖无礼呼唤时，可以拒绝，但他道歉后，还是可以接受的。”

【义理揭示】

人格平等是一切平等的基础，是社会上人与人和谐相处的前提。“嗟来之食”的故事表明，施惠者与受惠者虽然在经济地位上存在着严重差异，但在人格上应该是平等的。黔敖虽然行善施粥，但不能在人格上对饿汉加以轻蔑，而应尊重对方，平等相待。

十二 人鼠之叹

【原文选读】

（李斯）年少时，为郡小吏，见吏舍厕中鼠食不洁，近人犬，数惊恐之①。斯入仓，观仓中鼠，食积粟，居大庑之下，不见人犬之忧。于是李斯乃叹曰：“人之贤不肖譬如鼠矣②，在所自处耳！”

（选自《史记·李斯列传》）

注释：

①数：多次。恐之：对人或犬走近时露出恐惧。之，代词。

②贤：好；不肖：不贤。

【文意疏通】

秦朝的大臣李斯年轻时，做过郡里的小官吏。一天，李斯去厕所里解便。当他跨进厕所时，不禁大吃一惊。原来，一群老鼠正在厕所里抓蛆吃，见有人来，就四下里惊惶逃窜。过后，李斯想，这老鼠抓蛆吃又何必这样诚惶诚恐呢?

又一天，李斯去郡里的仓库里，发现粮食堆里有几只大老鼠正在细嚼慢吞，安安稳稳地吃着粮食。李斯驱赶它们，老鼠却毫不理会。原来仓库里很少有人进来，所以老鼠没有半点儿恐惧感。看到仓库里的老鼠养尊处优，长得又肥又大，李斯联想到厕所里的老鼠，不由得感慨万分：同是老鼠，由于所处的环境不同，其命运竟有天壤之别。人不也是一样的吗？同样的道理，环境不同，人的处境也会大不相同。

此后，李斯发奋努力，终获成功，他受到秦始皇的重用，坐上了秦国宰相的宝座。

【义理揭示】

同样是老鼠，由于所处的环境不同，其生存质量竟然如此悬殊！一个是诚惶诚恐地在厕所里抓蛆吃，一个是安安稳稳地在粮仓里嚼吞粮食。老鼠是这样，人生活在社会中何尝不是如此呢？不平等、不公正的社会环境，必然会产生不同的命运个体。

古人从中已经认识到平等、公正的意义，作为今人，更应该把平等和公正作为社会管理的最根本的准则。

十三 华夷一家

【原文选读】

自古皆贵中华，贱夷狄，朕独爱之如一。

（选自《资治通鉴·唐纪十四》）

【文意疏通】

自古以来的帝王都重视中原民族，而轻视周边的少数民族，只有我对他们一视同仁。

【义理揭示】

北宋著名史学家、政治家司马光的史学巨著《资治通鉴》，旨在总结历代政治经验，供北宋统治者借鉴。书中记载，唐太宗李世民在与大臣们讨论施政得失时，总结出五条成功的经验，其中一条就是推行"华夷一家"的民族政策，对周边的少数民族平等看待、一视同仁。在这一理念的引导下，唐太宗采取了一系列的政治措施，极大地缓和了民族间的矛盾，为中华民族的大融合注入了活力。

"华夷一家"的理念不仅是当今社会的普遍共识，也是国家制定民族政策的总依据，更是我国民族团结、各民族共同发展的基本保障。

十四 孔君平疾笃

【原文选读】

孔君平疾笃[①]，庾司空为会稽[②]，省之，相问讯甚至，为之流涕[③]。庾既下床，孔慨然曰："大丈夫将终，不问安国宁家之术，乃作儿女子相问[④]！"庾闻，回谢之，请其话言[⑤]。

（选自《世说新语》）

注释：

①笃：严重。

②庾司空：即庾冰。当时任振威将军、会稽内史，死后追赠司空。

③省之：探望他。甚至：十分周到。流涕：流泪。

④儿女子：妇人孺子。

⑤话言：善言，这里指遗言。

【文意疏通】

孔君平病情相当严重，庾冰当时担任会稽内史，去探望他。其间，庾冰十分关切周到地安慰孔君平，还为他流下了眼泪。庾冰已经离座要告辞的时候，孔君平慨叹说："大丈夫临终，你不问安定国家、稳定社会的策略，竟像妇人孺子一样来问候我！"庾冰听了，连忙回转身来向他道歉，请他留下遗言。

【义理揭示】

孔君平值得称赞的是始终把国家的安定和社会的稳定放在心坎上，即使在病重弥留之际。

国家也好，社会也罢，它都是由广大民众构成的。孔君平牵挂国家，惦记社会，实际上是对广大民众能否平等公正地享有国家福祉而感忧心。

十五 赏　罚

【原文选读】

赏不可不平，罚不可不均。

（选自《便宜十六策·赏罚》）

【文意疏通】

奖励时要平等对待，惩罚时也要一视同仁。

【义理揭示】

三国时期，蜀汉丞相诸葛亮攻打北魏，任命爱将马谡镇守街亭。临行前诸葛亮再三叮嘱：街亭虽小，关系重大。它是通往北魏的咽喉要道，一旦失守，蜀军必败。并告诫马谡要靠山近水安营扎寨，以免被敌军包围。但马谡擅作主张改变驻地，拒不听从副将王平的劝谏，致使街亭失守，蜀军大败。诸葛亮虽与马谡私交深厚，且爱惜马谡的才能，但为严明军纪，赏罚分明，最终挥泪将马谡斩首，同时奖赏了劝谏有功的王平。

的确，组织机构中的奖惩机制，应该要遵循人人平等的原则，不应因人的贵贱、亲疏而有所差异。在平等的前提下运用正、负激励手段，才能达到鼓励先进、鞭策后进的目的。

十六 趋炎附势

【原文选读】

有吴生者，老而趋势。偶[1]赴盛宴，见一布衣者后至，略酬其揖[2]，意色殊傲[3]。已而[4]见主人代之甚恭，私[5]询之，乃张伯起[6]也。吴生更欲殷勤致礼，张笑曰："适已领半揖，但乞补还即可[7]，勿复为劳。"时人嗤之。

（选自《古今笑史》）

注释：

①偶：一次。

②略酬其揖：马马虎虎地向他作了个揖。

③意色殊傲：神情非常傲慢。

④已而：然后。

⑤私：偷偷。

⑥张伯起：明朝著名戏曲家。

⑦但乞补还即可：只希望向你讨还就可以了。

【文意疏通】

有一个吴姓的人，年长了反而变得趋炎附势。偶然参加一次盛大宴会，见到一位穿着普通的人，只是马马虎虎地向他作了一个揖，神情非常傲慢。之后，这个吴姓的人见到主人非常恭敬地对待那个人，偷偷地问起旁人，得知是著名的戏曲家张伯起，于是便想向前弯曲身体敬礼问候。张伯起笑笑说："你刚才已经鞠过半个躬了，只希望向你讨还另外半个就可以了，不要再辛苦了。"人们都讥笑他。

【义理揭示】

吴生这样的人，是一个在达官显贵面前低人一等的人，是一个在引车卖浆者面前趾高气扬的人，对这样的人应该嗤之以鼻。为什么呢？因为他不能够平等地待人，更不能公正地待人，这样的人一旦掌握公权，平等和公正就会被抛到九霄云外了。

十七 南　北

【原文选读】

人虽有南北，佛性本无南北。

（选自《六祖坛经·行由品》）

【文意疏通】

虽然人有南方和北方的地区差别，但人的佛性却没有南方和北方的不同。

【义理揭示】

作为禅宗的宗经宝典，《六祖坛经》在中国佛教中占有特别重要的地位。它是一本由中国僧人六祖惠能大师撰述的佛典。经中认为众生皆有佛性，所以应一视同仁、平等对待。我国传统文化中，对平等理念论述最多的要数佛家，佛家对平等的定

义也十分广泛，核心就是“众生平等”。众生既包括有感情的生命体，如人与动物；也包括植物、微生物乃至山川海岳等没有情识的事物。

十八 富　与　贫

【原文选读】

未可以富贵骄贫贱，谓贫贱之必我屈也。

（选自《潜在论·交际》）

【文意疏通】

一个人不可以依凭自己的富贵而看不起贫贱的人，认为贫贱的人一定要屈从于自己。

【义理揭示】

一个人，尤其是从政的人，他手上往往掌握着一定的公权力，但越是如此越不能任性。因为穷也好，富也罢，地位低也好，地位高也罢，人与人之间都应该是平等的，应该平等公正地行使公权力，只有这样，社会才谈得上是正义的社会。

平等和公正，是一切文明所共同珍视、追求的社会价值目标之一。美国著名生物学家史蒂文·罗斯认为：人类两千年来

最伟大的发明就是社会民主、平等和公正的观念。

其实，中国自古以来就崇尚平等和公正。在中国古代社会，早在公元前的《诗经》里就有“不稼不穑，胡取禾三百廛兮”对不公平的质问，更有“不患寡而患不均，不患贫而患不安”的充满对平等渴望的观点。尤其是历次农民起义，也大多打着追求“平等”和“公正”的旗号。像秦代陈胜、吴广在发动起义时就说：“王侯将相，宁有种乎？”像北宋年间王小波、李顺在发动起义时就说：“吾疾贫富不均，今为汝均之。”清末太平天国洪秀全在发动起义时也曾说：“有田同耕，有饭同食，有衣同穿，有钱同使，无处不均匀，无人不饱暖。”

到了近代，康有为描绘出了平等公正的社会蓝图：“大同之世，天下为公，无有阶级，一切平等。”

资产阶级革命家孙中山为追求平等公正的社会，揭示了三民主义的内涵：民族主义是对外人争平等的，不许外国人欺负中国人；民权主义是对本国人争平等的，不许有军阀官僚的特权阶级，要求全国男女的政治地位一律平等；民生主义是对贫富争平等的，不许全国男女有大富人和大穷人的分别，要人人都能够有工作，人人都有饭吃。这就是三民主义的大意。

中国共产党自成立之日起就将平等和公正作为自身的政治主张，并为之做出了不懈的努力。

新民主主义革命时期，老一辈无产阶级革命家领导人民推翻了压制平等、公正的“三座大山”。

新中国成立后，毛泽东同志高度重视实现社会的平等、公正，他对社会主义经济制度、政治制度的设计和建设，都反映了对社会平等、公正的追求。

改革开放后，邓小平同志将平等、公正上升到社会主义的

本质高度："社会主义的本质，是解放生产力，发展生产力，消灭剥削，消除两极分化，最终达到共同富裕。"

此后，"三个代表"重要思想和科学发展观，提出了"执政为民"、全面持续的社会发展和社会和谐，也都蕴含着丰富的平等、公正的思想，党的十八大又把平等、公正作为中国特色社会主义的内在要求。

那么，是不是推进社会的平等、公正至此就可以画上圆满的句号了呢？

在人类发展历史中，平等、公正的内涵和外延始终在不断变化。从现代意义上说，平等、公正意味着每个公民享有同等的生存权利，得到同样的人格尊重，拥有同等的发展机会，享有同等的社会改革成果。从未来意义上说，平等、公正的实现还有另外具体的期待。因此，实现社会的平等公正永远在路上，我们的努力只会接近目标，而不会达到目标，因为差别是永恒存在的，正如斯多噶学派所讲的"智慧的人和愚蠢的人之间的差别，上帝指引着走的和上帝拉着手走的人之间的差别"。

陈独秀是中国20世纪最重要的思想家、革命家之一。他的一生几乎都在为广大民众建立平等、公正社会的诉求而奔波呐喊。

1901年，陈独秀进行反清宣传活动，呼吁建立平等、公正的社会，因而受到通缉，逃亡日本。1913年，他参加讨伐袁世凯的“二次革命”，被捕入狱。出狱后，再次逃亡日本。1915年9月15日在上海，他创办了《新青年》杂志。他发表《敬告青年》这篇纲领性的文章，开宗明义，要求青年一代提高觉悟，更新观念，要有世界眼光，建立民主平等、公平正义的社会秩序。

他的思想和主张迅速得到广泛认可。五四运动，就是在他的思想感召下促发的，他本人也被誉为“五四运动”的总司令。

1919年6月11日早上，陈独秀顶着风沙，亲自到街头散发传单，宣传自己的主张，反映广大民众的诉求，再次遭到逮捕。经过李大钊、胡适、蔡元培、孙中山等人的积极营救，他在被关押98天以后释放。

陈独秀无法在北京开展革命活动了。于是李大钊化装成小商贩，用一辆骡子拉的小车子，把陈独秀护送出北京。陈独秀随后开始在上海从事革命活动。他与李大钊相约“南陈北李”，开始筹建中国共产党。1921年7月，中国共产党第一次代表大会召开，陈独秀虽然缺席，但众望所归地被选为总书记，他继续为建立平等公正的社会而追求着。

由于共产国际对中国共产党的工作指导特别刻板，并且时有偏差，再加上陈独秀的领导工作也出现了一些失误，1927年“八七会议”上，缺席的陈独秀受到批判，被解除领导职务，之后又被开除出党。

1932年，由于叛徒的出卖，陈独秀又被捕入狱。

陈独秀的被捕引起极大的震动，不仅国内名流联名上书要求释放陈独秀，而且爱因斯坦、罗素、杜威等国际名流也致电蒋介石，要求释放陈独秀。最后陈独秀免于死刑，被判有期徒刑13年。

在监狱的隔绝中，陈独秀不能奔波于大街小巷进行政治活动，但是他通过写文作诗来针砭时政。抗战爆发后，1937年8月，陈独秀出狱。

1942年5月，一生屡遭通缉、多次坐牢、不屈不挠、“九死其犹未悔”的陈独秀在贫病交加中离开了人世。尽管他没有看到社会的平等、公正得以实现，尽管他没有看到人民当家做主的时代到来，但是他为推动社会的进步起到了实实在在的推动作用。

1. 在践行平等、公正理念的过程中，中华民族都取得了哪些重大成就？

2. 为什么说“平等、公正是人类永恒的诉求”？

3. 既然“平等、公正是人类永恒的诉求”，是否意味着我们不用再去践行平等公正的理念呢？

第二章　平等公正：公民权利的保障

一 天降下民

【原文选读】

天降下民[①]，作之君，作之师。惟曰其助上帝，宠[②]之四方。有罪无罪，惟我在，天下曷敢有越厥志[③]？

（选自《尚书》）

注释：

①下民：百姓。

②宠：爱护。

③曷：什么人；厥志：自己的欲望。

【文意疏通】

上天降生了老百姓，也降生了君主，降生了师长，这些君

主和师长的责任就是帮助上天来爱护天下的老百姓。天下有罪者和无罪者的责任都在我一个人身上，那么天下还有谁敢超越自己的欲望呢？

【义理揭示】

执政者手上都掌握着一定的实权，但是权为谁用？这里为我们作了揭示。应该说，任何一个执政者，权都应该为民所用，为保护和增加百姓的利益而担负起自己的责任，千万不能凡事都从私心出发，那样，百姓的利益肯定得不到保障。

二　汤武革命

【原文选读】

汤武革命，顺乎天而应乎人。

（选自《周易·革卦》）

【文意疏通】

商汤讨伐夏桀的革命，周武王讨伐商纣王的革命，都是顺应天意和契合民心的。

【义理揭示】

商汤、周武王分别是夏朝和商朝的臣下，他们分别讨伐夏桀和商纣王，以下犯上原属大逆不道，但是他们的革命行为顺应了天意，契合了民心，理所当然是正义的。

《周易·革卦》中的这句话告诉我们：国家治理、社会管理，我们始终要以人民为本，与人民心连心，只有民生为重才能保障公共权利正常的运行。

三 利令智昏

【原文选读】

齐人有欲得金者，清旦[①]，被[②]衣冠，往鬻[③]金者之所，见人操[④]金，攫[⑤]而夺之。吏搏[⑥]而束缚[⑦]之，问曰："人皆在焉，子攫人之金，何故？"对曰："取金之时，徒[⑧]见金，不见人。"

（选自《列子·说符》）

注释：

①清旦：清早。

②被：通"披"。

③鬻（yù）：卖。

④操：拿着。

⑤攫（jué）：夺取。

⑥搏（bó）：捕捉。

⑦束缚：捆绑。

⑧徒：仅仅。

【文意疏通】

齐国有个想得到金子的人，大清早穿好衣服戴好帽子，到

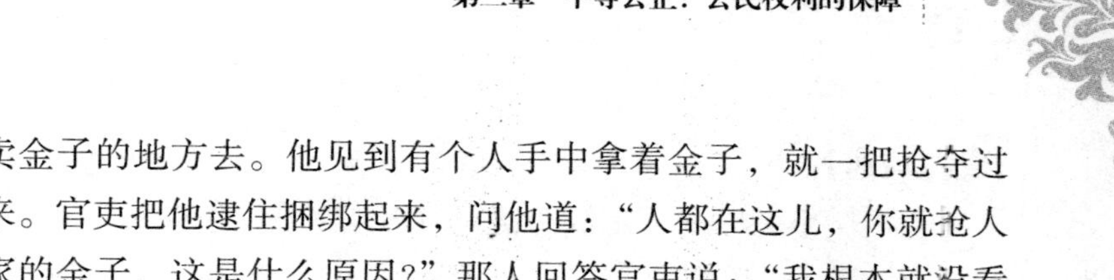

卖金子的地方去。他见到有个人手中拿着金子，就一把抢夺过来。官吏把他逮住捆绑起来，问他道：“人都在这儿，你就抢人家的金子，这是什么原因？”那人回答官吏说：“我根本就没看到人，只看到金子。”

【义理揭示】

人世间有许许多多的诱惑，会时时刻刻地出现在我们面前，那么用什么办法抵御诱惑呢？关键在于我们的内心能否坚守良知。守住良知，我们就守住了心灵的净土；反之，就会像齐人那样愚不可及。

从这个意义上讲，在推进社会平等公正的过程中，每个人都应坚守良知。否则，就会总把公共利益视为个人的利益。

四　为而不争

【原文选读】

圣人之道①，为②而不争。

（选自《老子·八十一章》）

注释：

①道：原则。

②为：指帮助别人。

【文意疏通】

圣人做事的原则，是帮助别人而不是和别人争夺利益。

【义理揭示】

老子说的这句话，是要表明为政者要考虑老百姓的实际利益。为政要有成效，要长治久安，一定要把老百姓的利益放在首位，老百姓是为政者的衣食父母；如果连老百姓的利益都不加以考虑，怎么会有国家的利益呢？如果为政者只考虑一己私利，社会怎么可能平等公正呢？

五 哀公问于有若

【原文选读】

哀公问于有若曰：“年饥，用不足[①]，如之何[②]？”有若对曰：“盍彻[③]乎？”曰：“二，吾犹不足，如之何其彻也？”对曰：“百姓足，君孰与不足？百姓不足，君孰与足？”

（选自《论语·颜渊》）

注释：

①用不足：国家财政不够。

②如之何：怎么办。

③彻：周代的一种田税制度，以收获量的十分之一作为田税。

【文意疏通】

鲁国遇到灾荒，国家的财政出现问题。哀公问有若怎么办。有若建议把田赋制度改一下，从征收二分之一的赋税改为收十分之一。哀公说，收二分之一赋税，我现在都不够用，怎么你还要我减少到十分之一呢？有若回答说："百姓足，君孰与不足？百姓不足，君孰与足？"如果老百姓富足了，你国君就不用发愁；如果百姓都不够用，你从哪里去征收呢？有若是着眼于让百姓能够富裕。只有百姓富足了，国家才能富强。

【义理揭示】

有若建议降低民众的赋税，尽管出于哀公统治利益的考虑，但这一建议客观上会改变民众与统治者之间的税收关系，对减轻民众负担保障民众正当权利不受侵犯与剥夺起到了有益的作用。其实，这就是一种追求社会公正的统治理念。公正具有以下几个指标向度：一是人与人之间的关系；二是社会资源（权利、财富、机会等）的分配；三是得其所得、各得其所的原则；四是对偏倚的调整和对致损行为的惩戒。有若的建议，自觉不自觉地与这些指标都相吻合。

六 使民以时

【原文选读】

子曰："道[①]千乘之国[②]，敬事[③]而信，节用而爱人[④]，使民以时[⑤]。"

（选自《论语·学而》）

注释：

①道：这里是治理的意思。

②千乘之国：乘（shèng），意为辆。每乘拥有四匹马拉的兵车一辆，车上甲士3人，车下步卒72人，后勤人员25人，共计100人。千乘之国，指拥有1000辆战车的国家，即诸侯国。

③敬事：敬字一般用于表示个人的态度，尤其是对待所从事的事务要谨慎专一、兢兢业业。

④爱人：古语中“人”的含义有广义与狭义的区别。广义的“人”，指一切人群；狭义的“人”，仅指士大夫以上各个阶层的人。此处的“人”与“民”相对而言，可见其用法为狭义。

⑤使民以时：时，指农时。古代百姓以农业为主，这是说要督促百姓按照农时耕种与收获。

【文意疏通】

孔子说：“治理拥有一千辆兵车的国家，应做到严肃认真地对待各项工作，讲信用，节省费用、爱护人民；督促百姓顺应农时耕种与收获。”

【义理揭示】

孔子认为为政者要正确地处理同民众的关系，保障广大民众的权利。他提出要认真做事，取信于民。孔子对为政者的一项重要政治道德期望是对待政事严肃认真，要有“敬事”的精神，以身作则，说话算数，对老百姓讲信用。同时他还提出了“节用爱民”的主张。就是要求为政者要采取利民措施，有爱民之德，同情百姓，体谅他们的难处；要节约开支，减轻人民负担，不违农时，以使百姓安居乐业。只有如此，百姓的利益才能得到保障。

七 民无信不立

【原文选读】

子贡问政[①]。子曰："足[②]食，足兵，民信[③]之矣。"子贡曰："必不得已而去，于斯三者何先？"曰："去[④]兵。"子贡曰："必不得已而去，于斯二者何先？"曰："去食。自古皆有死，民无信不立[⑤]。"

（选自《论语·颜渊》）

注释：

①政：政务，政事。指治理国家。

②足：充足。

③民信：人民对国家的信任。

④去：去掉，放弃。

⑤立：存立。

【文意疏通】

子贡问怎样治理国家。孔子说："粮食充足，军备充足，老百姓信任统治者。"子贡说："如果迫不得已一定要去掉一项，那么在三项中先去掉哪一项呢？"孔子说："去掉军备。"子贡说："如果迫不得已一定要再去掉一项，那么这两项中去掉哪一项呢?”孔子说：“去掉粮食。自古以来人总是要死的，但如果老百姓对统治者不信任，那么国家就站不住了。”

【义理揭示】

孔子提出了为政、治国取信于民的政治主张，体现了他的仁政思想。孔子认为国家的大政主要有三点：粮食充足，军备充足，为政者受到老百姓的信任。这三项施政要点中，又以取信于民为重。如果为政者失信于民，那就站不住脚。孔子的深意在于：治理国家最要紧的是取信于民，为政者必须具备信实不欺的政治道德品质。能取信于民，老百姓就会讲真话，办实事，不讲假话，不作伪了。这样，相互信任，国力增强，政通人和。有了这一条，兵器、粮食都可以创造出来；没有这一条，即使军备充足、粮食充足，但上下离心不能一致，国家还是免不了要灭亡。也就是说，只有老百姓的利益得到了保障，社会才会稳定，国家才会强大。

八 未尝无诲

【原文选读】

子曰：“自行束脩[①]以上，吾未尝无[②]诲焉。”

（选自《论语·述而》）

注释：

①束脩：十条干肉，脩（xiū），干肉。

②未尝无：即“不曾无”，表示“从来没有不”的意思。

【文意疏通】

孔子说：“只要自愿拿着十条干肉为礼来见我的人，我从来没有不愿意收他为学生对他进行教诲的。”

【义理揭示】

春秋以前，“学在官府”，办教育、受教育都是贵族的特权，其教育对象仅限于统治阶层这一狭小范围内，其教育目的仅限于培养统治者的接班人。孔子的这段话，向贵族垄断教育发起了挑战。孔子认为，只要年龄合适，无论什么人都可以也应该接受学校的教育，贫富贵贱不应成为可否接受教育的限制条件。

九 有教无类

【原文选读】

子曰：“有教无类①。”

（选自《论语·卫灵公》）

注释：

①无类：不分类，没有富贵贫贱、天资优劣智愚、等级地位高低、地域远近、善恶不同等区别与限制。

【文意疏通】

孔子说：“给人人以教育，不要有贫富贵贱等区别。”

【义理揭示】

孔子“有教无类”的教育思想，开辟了一条庶民子弟进身贵族的途径，为任人唯贤、打破官位由贵族世袭的制度创造了条件。

孔子的学生中，除少数贵族子弟外，多数是出身贫贱的庶民子弟。现在确实可知的贵族子弟有鲁国南宫叔、孟懿子和宋国的司马牛。颜渊、曾参、子路、仲弓、有若、子张、公冶长等，都出身贫贱。颜渊居陋巷，曾子种瓜，仲弓父是“贱人”，闵子骞为父推车，公冶长曾为囚犯。子贡虽经商富有，但社会地位并不高。这些庶民的弟子，学成后不少都从政为官，曾子、子夏还曾为诸侯师。

可以说，孔子的“有教无类”教育，体现了一种平等公正的思想，保障了社会底层读书求学的权利。

十 天之臣也

【原文选读】

天下无大小国，皆[①]天下之邑也；人无[②]幼长贵贱，皆天下臣也。

（选自《墨子·法仪》）

注释：

①皆：都是。

②无：不论。

【文意疏通】

天下没有大国和小国的区别，因为一切都是天下的都邑；人不论是年长还是年幼、高贵还是低贱，他们都是天下的臣民。

【义理揭示】

在墨子看来，社会经济生活中的每一个人都应当平等地享有各种物质利益，而不应该出现贫富悬殊以及各种资源分配不公的现象。否则，实现全民共利的经济平等就会成为一句空话。

十一 所兴与所废

【原文选读】

政之所兴，在顺民心；政之所废，在逆民心。

（选自《管子·牧民》）

【文意疏通】

国家要兴旺发达，必须政治清明，国策顺应民心；国家发展出现问题，那是因为政治腐败，政策违背民意。

【义理揭示】

在管子看来，从政者的一切工作都应该围绕民生展开，你保障了民众的利益，整个社会就会兴旺发达，一旦忽视了民众利益，社会就会衰落惨淡。所以历代君主对官员的政绩考核，重要的是看他是否具有保障一方利益、造就一方幸福的口碑。

十二 民为贵

【原文选读】

孟子曰：“民为[①]贵，社稷[②]次之[③]，君为轻[④]。”

（选自《孟子·尽心下》）

注释：

①为（wéi）：是。

②社稷（jì）：国家的代称。

③次之：在排列上社稷要次百姓一等。

④轻：轻微。

【文意疏通】

孟子说：“百姓是最尊贵的，国家在轻重排列上要次于百姓一等，国君在排列上比起国家要更轻微。”

【义理揭示】

君主也好，国家也罢，它们都可以更迭替换，只有老百姓

是不发生改变的，老百姓永远是社会的基本力量。所以从这个意义上说，老百姓是最尊贵的，也是最重要的，他们的利益是神圣不可侵犯的。

十三 归以民心

【原文选读】

齐人伐燕[①]，胜之。宣王问曰："或谓寡人勿取，或谓寡人取之。以万乘之国伐万乘之国，五旬而举之，人力不至于此，不取，必有天殃[②]。取之，何如?"

孟子对曰："取之而燕民悦，则取之，古之人有行之者，武王是也；取之而燕民不悦，则勿取，古之人有行之者，文王是也[③]。以万乘之国伐万乘之国，箪[④]食壶浆，以迎王师，岂有他哉？避水火也！如水益深，如火益热，亦运[⑤]而已矣。"

（选自《孟子·梁惠王下》）

注释：

①齐人伐燕：燕国是齐国的近邻，齐宣王五年（前315年）燕国内乱，次年，宣王乘乱进攻燕国，燕国士卒厌战，城门不闭，齐军在短短五十天内就攻下了燕国的国都。

②不取，必有天殃：《国语·越语》云："天予不取，反为之灾。"意思是说，违反天道做事，肯定会产生灾难性后果。

③文王是也：赵注云："文王以三仁（按指殷商大臣微子、箕子、比干）尚在，乐师未奔，取之惧殷民不悦，故未取之也。"

④箪（dān）：盛饭的竹筐。

⑤运：朱熹《集注》云：“转也，言齐若更为暴虐，则民将转而望救于他人矣。”

【文意疏通】

齐人讨伐燕国，战胜了它，宣王问孟子：“有人叫我不要占领它，有人叫我占领它。以拥有万乘兵车的国家去讨伐另一个拥有万乘兵车的国家，五十天就制服了它，人力无法取得这样的成就，若不占领它必定会遭到天降的灾祸。我打算占领它，怎么样啊？”

孟子答道：“若占领它而燕国民众高兴，就占领它，古人有这样做过的，那就是周武王；若占领它而燕国民众不高兴，就不要占领它，古人有这样做过的，那就是周文王。以拥有万乘兵车的国家去讨伐另一个拥有万乘兵车的国家，百姓们用筐装着饭食、用壶盛着饮水来迎接大王的军队，难道还有别的目的吗？是为了逃避水深火热的生活啊！如果使他们生活得更加水深火热，那他们也就会转而去欢迎他人了。”

【义理揭示】

孟子告诫宣王，伐燕的成功，说明燕国的民众期望齐国能从水深火热中拯救他们，因此，关键不在于是否占领燕国，而是能否实行顺从民心的政略。老百姓的基本权利得到保障，还有什么会不顺心的呢？

十四　五十步笑百步

【原文选读】

梁惠王曰："寡人[①]之于国也，尽心焉耳[②]矣！河内凶[③]，则移其民于河东，移其粟于河内，河东[④]凶亦然。察邻国之政，无如寡人之用心者。邻国之民不加少，寡人之民不加多，何也？"

孟子对曰："王好战，请以战喻。填然鼓之[⑤]，兵刃既接，弃甲曳兵[⑥]而走[⑦]。或百步而后止，或五十步而后止。以五十步笑百步，则何如？"

曰："不可！直[⑧]不百步耳，是亦走也。"

曰："王如知此，则无望民之多于邻国也。不违农时，谷不可胜[⑨]食也；数罟[⑩]不入洿[⑪]池，鱼鳖不可胜食也；斧斤[⑫]以时[⑬]入山林，材木不可胜用也。谷与鱼鳖不可胜食，材木不可胜用，是使民养生丧死[⑭]无憾也。养生丧死无憾，王道之始也。"

（选自《孟子·梁惠王上》）

注释：

①寡人：古代君主诸侯王对自己的谦称。

②焉耳：表示恳切。

③河内：相当于今河南境内的黄河以北地区。

④移其民、移其粟：朱熹《集注》云：移民以就食，移粟以给其老稚之不能移者。河东：指今山西省西南部，因黄河经此作北南流向，该地区位于黄河以东而得名。

⑤填然：鼓声充盈的意思。古代作战，以击鼓表示进军，以鸣金表示退兵。之：句末助词，无义。

⑥曳（yè）兵：拖着兵器。

⑦走：古代所说的“走”，相当于现在所说的跑；而现在所说的“走”，在古代称为步。

⑧直：只是。

⑨胜（shèng）：尽。

⑩数罟（cù gǔ）：网孔细密的鱼网。

⑪洿（wū）：洼地、池塘。

⑫斤：砍刀，古代常斤、斧连称。

⑬以时：按一定的季节。

⑭丧死：葬送死者。

【文意疏通】

梁惠王说：“我对于国家，很尽心了吧！河内饥荒，就把那里的民众迁移到河东，把河东的粮食运到河内去，河东饥荒时也这样。了解一下邻国的政绩，没有像我这样尽心尽力的。邻国的民众不见减少，我的民众不见增多，是什么道理呢?”

孟子答道：“大王喜好打仗，让我用打仗来作比喻。战鼓咚咚，交战开始了，战败的士兵丢盔弃甲拖着武器奔逃，有的跑了一百步才停下，有的跑了五十步就停下了。跑了五十步的人因此而讥笑跑了一百步的人，行不行呢?”

惠王说：“不行！他只不过没有跑到一百步，也同样是逃跑。”

孟子说：“大王如果知道这个道理，就不要希望你的民众比邻国多了。不违背农时，粮食就吃不完；密孔的渔网不入池沼，鱼鳖就吃不完；砍伐林木有定时，木材就用不完。粮食和鱼鳖吃不完，木材用不完，就使得民众的生、死都没有缺憾了。生、死没有缺憾，这正是王道的开端。”

【义理揭示】

梁惠王的办法不能说一无是处，但还是没有在根本问题上着力，所以孟子通过“五十步笑百步”的例子说服他。梁惠王关注的核心问题是如何才能使更多的民众来归顺他，孟子因势利导地讲述了“王道”的政治、经济措施。孟子认为，一个诸侯王要把国家治理好，首先必须得到民众的拥护，而做到这一点的起码条件是民生要有保障，这就是文中所说的“生、死没有缺憾，是王道的开端”。

十五 天下之制

【原文选读】

义者，天下之制也。

（选自《礼记·表记》）

【文意疏通】

公平正义，是裁决天下事物的准则。

【义理揭示】

在我们的生活中，公平正义是必须遵守的准则。什么是准则？准则就是人们做事情的时候必须遵守的规则和要求，它具有规范性和约束力。从政者更要遵守这个准则，更应该秉持公平正义的原则。

十六 除去天地之害

【原文选读】

除去天地之害，谓之义。

（选自《礼记·经解》）

【文意疏通】

应该为广大民众消除灾害，消除不平等，消除不公正，这就叫做"义"。

【义理揭示】

以天下为己任的君子，他心里一定是关注着广大民众的安危，关注着广大民众的悲喜，关注着广大民众的苦乐。这样的君子，不是把天下作为自己的私产，而是立志为天下民众谋幸福，除灾祸，因此他们一定能够平等公正地对待广大民众，一定能够平等公正地保障广大民众的权益。

十七 富者与贫者

【原文选读】

富者田连阡陌[1]，贫者无立锥之地[2]。

（选自《汉书·食货志上》）

注释：

①阡陌：形容田间纵横交错的小路。

②立锥之地：形容极小的田地。

【文意疏通】

富有的人田地多得一大片连着一大片，纵横交错，而贫穷的人连极小的田地也没有。

【义理揭示】

《汉书》是《史记》后又一部重要的纪传体史书，它由东汉史学家和文学家班固撰写。据《汉书·食货志上》记载，西汉苛政猛于虎，社会贫富悬殊严重，富有的人田地多得是“田连阡陌”，贫穷的人连“立锥之地”也没有。这就是土地兼并带来的不公正、不平等，作者间接地表达了“均平”的思想。

十八 忧济在元元

【原文选读】

圣人[①]不利己，忧济[②]在元元[③]。

（选自《感遇诗三十八首·其十九》）

注释：

①圣人：指贤明的君主。

②忧济：关心，救助。

③元元：黎民百姓。

【文意疏通】

英明的君主从不考虑个人的私利，他们只关心如何帮助平民百姓。

【义理揭示】

武则天当政后，虽然在政治上颇有建树，但是她过度尊崇佛教，大肆挥霍国库，役使平民百姓修造佛像佛寺，给天下平民百姓带来了极大的苦难。陈子昂对于武则天的这种做法极度不满，于是写下了这样的诗句，委婉地批评武则天的做法不符合英明君主的规范。因为英明的帝王从来不是因为自己是天子而随意任性，他们把民生的利益、百姓的生活质量放在首位。由此我们可以联想到：一个社会是否平等公正，关键看从政者是否保障了广大平民百姓的利益。

十九　王者以百姓为天

【原文选读】

王者以百姓为天，百姓与[①]之则安，辅之则强，非[②]之则危，倍[③]之则亡。

（选自《韩诗外传》）

注释：

①与：给予。

②非：反对。

③倍：通“背”，背离、违背的意思。

【文意疏通】

身为一国之君，应当把百姓当做上苍一样对待，要敬畏他们。如果国君能够得到百姓的亲附，那么国家就会安宁；如果能够得到百姓的辅助，那么国家就会昌盛；如果国君受到百姓的反对，那么国君的地位就会摇摇欲坠；如果国君背离百姓的意愿，那么国家就会灭亡。

【义理揭示】

这几句话出自西汉韩婴所著的《韩诗外传》一书，作者阐明了民众才是国家的根本，只有得到民众的拥护和亲附，君主的地位才能巩固，国家才会强盛、安定。这也告诉我们，任何从政者，都应该把保障民众的正当权益放在首位。

二十 奉公如法

【原文选读】

奉公如法，则上下平；上下平，则国强。

（选自《史记·廉颇蔺相如列传》）

【文意疏通】

按照法律条规来奉行公平正义，无论是上面的阶层还是下面的阶层心里都会平平顺顺，大家都平平顺顺了，心往一处想，劲往一处使，国家就会强盛。

【义理揭示】

一个社会，能够达到公平正义的境界，不仅需要掌握公权的从政者具有克己奉公的素质，还需要通过法律条规的制定来加以保障，这样，全体民众才有可能一心一意、心平气和地热爱自己的国家。

二十一 陶母责子

【原文选读】

陶侃，为东晋之大将军，于国为栋梁，于民若父母，世人重之。其少时①为河梁吏②。尝以一坩③鲊④饷⑤母。母曰："此何来？"使者曰："官府所有。"母封鲊付使反书，责侃曰："汝为吏，以官物⑥见饷，非唯不益，乃增吾忧也。"

（选自《世说新语·贤媛》）

注释：

①少时：青年时代。

②河梁吏：负责河道与渔业的官吏。

③坩（gān）：盛物的陶器。

④鲊（zhǎ）：经过加工的鱼类食品，如腌鱼、糟鱼之类。

⑤饷：赠送。

⑥官物：公物。

【文意疏通】

陶侃是东晋时期的大将军。对国家来说，他是栋梁，对老百姓来说，如同父母，世人敬重他。陶侃青年时期担任负责河道与渔业的官吏时，曾经派人送一陶罐腌鱼给母亲。母亲问送鱼的使者："你这鱼是哪里来的啊？"使者说："这是从官家拿来的。"他母亲把腌鱼封好交给送来的人退还，还写了一封信责备陶侃："你作为官员，拿公家的东西来给我，这样做不但没有好处，反而增加了我的担心。"

【义理揭示】

陶母拒收儿子陶侃派人送来的一坛腌鱼，并且写信责备，反映了陶母希望儿子做一个堂堂正正的官员，千万不能用手中的公权来为自己谋取利益。

的确，一个只想用公权谋取私利的人，他不可能在推进社会的平等和公正方面有所作为。

二十二 天下受利

【原文选读】

不以一己之利为利[①]，而使天下受其利[②]；不以一己之害为害，而使天下释其害[③]。

（选自《明夷待访录·原君》）

注释：

①一己之利：自己的利益。

②受其利：获得他带来的好处。

③释其害：解除灾害。

【文意疏通】

不要只把获得个人利益作为利益目标，而要将让天下的人都能获得各自的利益作为利益目标；不要把解除一己之害作为解除灾害的目标，而要让天下的人都能解除灾害。

【义理揭示】

清朝黄宗羲在《原君》中从探究统治者的职分入手，指出古代的统治者以仁义对待臣民百姓，为天下兴利除害，而后世的统治者却大多昏庸腐败，"以天下之利尽归于己，以天下之害尽归于人"。在当时严酷的专制思想的禁锢下，作者敢于公然指斥统治者的独裁，主张民本、平等、公正的理念，具有鲜明的民主启蒙思想的特点。

公民权利具体包括哪些权利？以权利的内容来分，公民权利可以分为政治权利和经济、社会、文化权利两大类，前者是指涉及个人的生命、财产、人身自由的权利和个人作为国家成员自由、平等地参与政治生活的权利，如生存权、财产权、选举权等；后者是指个体作为社会劳动者参与社会、经济、文化生活方面的权利，例如就业、劳动报酬、社会福利、文化教育等权利。

那么，如何保障公民的这些权利呢？这固然需要很多的制度与措施加以维护，但是平等公正地对待每位公民是保障公民权利的基本准则。

平等与公正在社会生活领域里是相辅相成的。我们可以先从法律的角度来理解。一部法律是否公正，首先要看它是否体现了普遍平等的原则，是否赋予每个人平等的权利和义务。在这个意义上，公正的内涵就是平等，它与特权是不相容的。

我们再从政府的角度来理解。政府和公民，他们之间不是我们原来所理解的统治和被统治的关系，而是一种对等和均衡的关系。政府向公民提供公共服务，公民向政府缴纳税收。这样，政府的活动局限于公共领域，避免权力被任意使用的可能。所以从这个意义上说，公正来自平等，平等反过来又维护了公正。

我们为什么要把孟子的“仁政”思想当做优秀的传统文化要加以弘扬？这是因为孟子看到了统治阶级对民众的不平等和不公正，所以希望统治阶级在执政的过程中要以民为本，要关注民众的基本权利，包括幸福指数。在孟子看来，只要民众能得到平等公正的对待，生活的基本权利得到保障，福祉得到关注，那么统治者所治理的国家便是天下无敌的了。其实，通过平等公正的措施保障民众的权利也是各个国家的立国之本。

杨维骏（原云南省政协副主席）已九十岁高龄了，他本可以像许多退休官员那样做一个养尊处优、不问世事、颐养天年的人，但他没有，为了国家的进步和人民的利益，他继续发挥着余热。

在昆明市西山区福海社区韩家湾村，有8个自然村组要拆迁，1700亩耕地也要被征用。政府组织拆迁办限期拆除了8个自然村组的居民用房，1700亩耕地也被圈用了，但是政府组织的拆迁办没有出示征地手续，每亩25万元的征地款也没有发放，眼看冬天来临，安置房还没有下落。于是，村民们上访省委省政府，上访区委区政府80多次，但事情毫无进展，有关部门相互踢皮球，省里推到市里，市里推到区里，区里又说没权做主，一句话，没有人为他们排忧解难。民众的权益无法得到保障。

“这些官员对待民众的感情太淡薄，太冷漠了。”杨维骏从村民处听闻这一消息后，非常气愤。

他从云南省政协老干部处借调一名工作人员，并乘坐专车赶到现场。到达现场后，杨维骏命人拍照、摄像取证，并带着上访的村民进入省政协大院，自己亲自催促省政府国土厅领导

尽快回复村民的诉求。

不知哪位省领导对杨维骏带领村民维权很恼火，派了省政协老干部处一个处长传话，称农民有冤屈应走正常渠道反映问题，你怎么可以开着政府配车带农民去省委大院上访呢？杨维骏很愤慨地说："我为什么不能以退休干部的身份为群众反映问题呢？老百姓天天去信访，拖到猴年马月也不见得有人管。我毕竟是省政协退休的副主席，我带他们去上访驾轻就熟了。"

由于杨维骏多次向省委省政府递交民众的信访材料，触动了某些人的利益，于是有人托人转告他别再瞎管闲事，但杨维骏没有退缩，为民众维权，他觉得问心无愧。从政以来，杨维骏家里始终挂着自书自勉的一句话："以丹心照万民，甘造坎坷不甘驯。"

1. 公民主要有哪些基本权利？
2. 践行平等公正的理念和保障公民权利有什么关系？
3. 今天为什么要把平等公正作为社会主义核心价值观？

第三章 平等公正：人类良知的坚守

一 无偏无党

【原文选读】

无偏[①]无党[②]，王道荡荡[③]，无党无偏，王道平平[④]。

（选自《尚书·洪范》）

注释：

①偏：不公正。

②党：偏私。

③荡荡：宽广无边的样子。

④平平：治理有序。

【文意疏通】

商纣王暴虐无道，整天寻欢作乐，不理政事。纣王的叔父箕子看不下去，苦心劝谏，希望他改邪归正。纣王不但不接受叔父的劝告，反而把叔父囚禁起来。周武王伐纣时，箕子趁乱逃往箕山隐居起来。周朝建立后，武王求贤若渴，求访了隐居的箕子，在向他请教治理国家的道理时，箕子表达了自己的看法：处事公正，没有偏私，仁政才能顺利推行；处事公正，没有偏私，国家治理或者社会管理才会井然有序。

【义理揭示】

这句话强调公平正直的态度是管理社会、治理天下的关键。无论什么社会形态的国度，如果缺失平等和公正，就会像失去根基的大厦，必然倾斜甚至倒塌。

二 非吾徒也

【原文选读】

季氏[①]富于周公[②]，而求也为之聚敛[③]而附益[④]之。子曰："非吾徒也，小子鸣鼓而攻之[⑤]可也！"

（选自《论语·先进》）

注释：

①季氏：季孙氏，鲁国的权臣。

②周公：泛指在周王朝任职的王族。

③聚敛：收集。此指增加赋税，搜刮民财。

④附益：额外加政，附带收取。

⑤鸣鼓而攻之：大张旗鼓，公开声讨他。

【文意疏通】

季氏比在周王朝任职的王族还富有，而冉求还替他搜刮钱财来增加他的财富。孔子说：“冉求不是我的门徒了，你们这些后生可以公开声讨他了。”

【义理揭示】

季氏推行了新的政治和经济措施后，很快富了起来。冉求当时正担任季氏的家臣，替季氏征收田赋。孔子主张给百姓的好处要多一些，要百姓做事要量其力而行，向百姓索取的东西相对要少一些。冉求没有听从老师的意见，反而帮季氏重税盘剥百姓，因而孔子不认他是自己的学生，还让其他学生大张旗鼓地声讨之，因为他不行仁政。违反仁的原则，这在孔子看来是没有良知的表现。

三 众恶之与众好之

【原文选读】

众恶之，必察焉；众好之，必察焉。

（选自《论语·卫灵公》）

【文意疏通】

对许多人都厌恶的人或事，必须仔细审察后才能决定自己是否也厌恶；同样对许多人都喜欢的人或事，也必须仔细审察后才能决定自己是否也喜欢。

【义理揭示】

孔子认为，对于民众的呼声，统治者一定要尊重，要把它当回事。但是，民众的呼声是否合理，不以其数量之多寡来确定，因为在某些情境下，民众的情绪可能出现盲目、偏激等非理性特征，从而产生“民意失真”的现象。所以，我们在听取民众呼声时，一定要在“必察”的状态下加以斟酌和判断。

四 明　　暗

【原文选读】

公生明，偏生暗。

（选自《荀子·不苟》）

【文意疏通】

一个手握公权的人，如果他内心是公平正义的就会察觉到执政过程中的种种不足之处；如果过于偏袒个人的私欲，那么他在执政过程中就会稀里糊涂，头脑昏昧。

【义理揭示】

在荀子看来，一个人在使用公共权力的时候，如果他充满国家和社会责任感，他就一定会尚“公”重“义”，行使好自己手中的权力；反之，就会浑浑噩噩，中饱私囊，以至阻碍社会的进步。

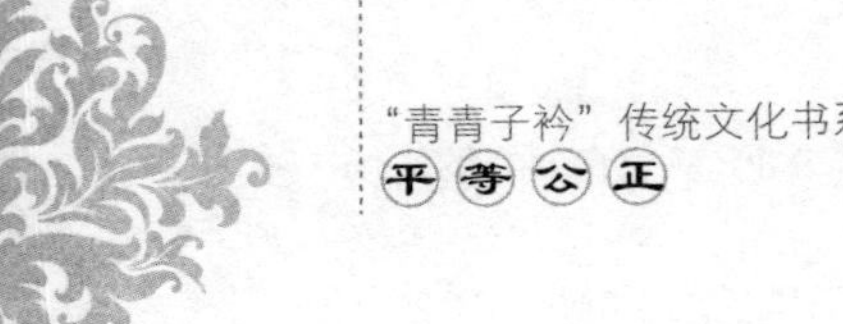

五 出死无私

【原文选读】

出死无私，致忠而公。

（选自《荀子·臣道》）

【文意疏通】

出生入死不涉及私利，极尽忠诚而公正。

【义理揭示】

一个从政者，如果要让每一个人享有平等公正的权利，那么自己就不能谋求私利，即使在生死的关头，也要有这样的境界。当然，要做到这一点也是不容易的，必须要有对广大民众极尽忠诚的良知，必须要有对所效力的统治集团极尽忠诚的良知。

六 用私与用公

【原文选读】

智而用私，不若愚而用公。

（选自《吕氏春秋·贵公》）

【文意疏通】

一个从政者，虽然有智慧，但是在处理问题上处处考虑自

己的个人利益，这样的人，还不如缺乏智慧却以平等公正的准则去处理问题的人。

【义理揭示】

一个掌握公权的人，头脑里充满智慧固然是好事，但是对于他们来说，第一位的不是充满智慧的头脑，而应该是他们心中的良知。有智慧却没有良知，这样的人不可能与民众心心相印；有良知的人，即使在智慧方面逊色一些，但他一定把民众的利益放在心坎上，在行使公权时也会遵循平等公正的原则。

七　私劳与私怨

【原文选读】

为政者，不赏私劳，不罚私怨。

（选自《左传·昭公五年》）

【文意疏通】

治理政事的人，不因对自己个人有功劳而奖赏某人，不因与自己个人结怨而惩罚某人。

【义理揭示】

从政者在行使职权的时候，要秉持正义和公道来处理各种问题，千万不能凭个人的感情来行事，这样，我们才能说自己是忠于职守的，也就是说是一个没有乱用公权的有良知的官员。

八 民事不可缓也

【原文选读】

滕文公问为[1]国。孟子曰：“民事不可缓也。《诗》云：‘昼尔于茅[2]，宵尔索绹[3]；亟其乘屋[4]，其始播百谷。’民之为道也[5]，有恒产者有恒心[6]，无恒产者无恒心。苟无恒心，放辟邪侈[7]，无不为已。及陷于罪，然后从而刑之，是罔民也[8]。焉[9]有仁人在位罔民而可为也？是故贤君必恭俭礼下，取于民有制。阳虎曰：‘为富不仁矣，为仁不富矣。’”

（选自《孟子·滕文公上》）

注释：

①为：治理。

②昼尔于茅：白天把茅草割了。

③宵尔索绹（táo）：晚上把绳索搓了。

④亟其乘屋：赶紧修理房屋。

⑤民之为道也：民众中形成这样一条准则。

⑥有恒产者有恒心：有固定产业的人有一定的原则。

⑦放辟邪侈：胡作非为违法乱纪。

⑧是罔民也：这样等于陷害民众。

⑨焉：哪里。

【文意疏通】

滕文公问孟子怎样治理国家。孟子说：“老百姓生产和生活的事是拖不得的。《诗经》上说：‘白天把茅草割，晚上把绳儿

搓；赶紧修理房屋，按时把五谷播。’民众中形成了这样一条准则：有固定产业的人才有原则，没有一定产业的人便不会有原则。没有原则的人，就会胡作非为违法乱纪，什么事都做得出来。等到他们犯了罪，然后加以处罚，这等于陷害。哪有仁人坐上朝廷却做得出陷害老百姓的事来呢？所以贤明的君主一定要敬业，节俭，礼遇臣下，尤其是取之于民要依照一定的制度，不能乱摊派，乱收费。阳虎曾经说过：‘要想发财就不能仁爱，要想仁爱就不能发财。’”

【义理揭示】

作为从政者，应该把什么放在第一位呢？孟子作出了回答：“民事不可缓也”，即以民为本。以民为本，不仅仅是从政者的治国策略，也是从政者的一种素养或者说“良知”。试想一下，如果从政者把个人的利益放在首位，他不但不把“民事”放在心上，而且还贪得无厌，结果一定是亡国息权。所以孟子引用阳虎曾经说的话，“要想发财就不能仁爱，要想仁爱就不能发财”告诫从政者，你要从政，就必须要有“仁爱”的良知，否则你就不要从政。

九 非我也，岁也

【原文选读】

孟子曰：“狗彘食人食而不知检，涂有饿莩[①]而不知发；人死，则曰：‘非我也，岁[②]也。’”

（选自《孟子·梁惠王上》）

注释：

①莩（piǎo）：饿死的人。

②岁：一年的收成。

【文意疏通】

孟子说："现在富贵人家的猪狗吃掉了老百姓的粮食，却不知道去检查和制止；道路上有饿死的人，也没想到要打开仓库来赈济。若老百姓死了，就说'不怪我呀，怪年成不好。'"

【义理揭示】

孟子在这段话里谴责了当政者缺乏爱民意识，不为民众着想，也不能保障民众的基本生活权利。丰收时，当政者不知道收购、贮存粮食，致使许多粮食被糟蹋；荒年时，当政者不能打开粮仓救济无粮的民众。等到民众被饿死了，当政者把责任推到了老天爷的身上，不知道反省自己的责任。在孟子看来，这种缺乏应有良知的官员不能胜任其工作。

十 义必公正

【原文选读】

所谓直者，义必公正，公心不偏党也。

（选自《韩非子·解老》）

【文意疏通】

从政的人，手上掌握资源，掌握公权，一定要具有正直的品质，一定要具有执政的良知，一定要怀有公正之心而没有私心。

【义理揭示】

从政者，在道德品质上一定要有底线，这个底线就是正直。的确，有了正直的素养，他就会是非分明，就会担当正义，就会知道从政沉甸甸的责任，就会知道自己手中的权力为谁而用。这样的从政者，他不会谋权为私，只会谋权为民，谋权为公。

十一 三无私

【原文选读】

天无私覆，地无私载，明无私照。奉斯三者以劳天下，此之谓三无私。

（选自《礼记·孔子闲居》）

【文意疏通】

天没有私心地覆罩着万物，大地无私心地承载着万物，日月无私心地照耀着万物，遵奉这三种无私精神来勤劳劝勉天下，这就叫做三无私。

【义理揭示】

孔子的学生子夏曾向孔子请教古代圣王德行如何的问题，孔子回答说："奉三无私以劳天下。"子夏又问什么是"三无私"，孔子就用这几句话回答了他。

孔子所说的天地日月，其实就是大自然的化身。孔子认为，大自然不偏向任何人，给万物以同等的发展机会，给万物以公正的享受惠顾。古代圣王就是向大自然学习，把这种平等公正的理念贯彻到自己的治国实践和社会管理中去，因而能够得到广大民众的支持和拥护。

十二 不虚不隐

【原文选读】

不虚美，不隐恶。

（选自《汉书·司马迁传》）

【文意疏通】

记载历史事件时，我们无论面对谁都要做到不妄加赞美，也不隐藏其恶行。

【义理揭示】

吕不韦主持编写的《春秋》，在记载历史事件时，不能做到直面历史事实，而是为尊者讳，为贤者讳，因而有失公允。司马迁写《史记》则不然，他以公正客观的态度写作，不管面对

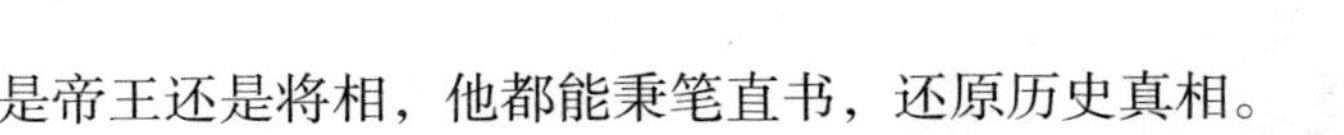

是帝王还是将相，他都能秉笔直书，还原历史真相。

其实，不仅写史如此，评判其他事情或处理其他社会问题都应该如此，如果仅凭个人好恶来判断是非曲直或处理社会问题，那么我们所做的一切就不会平等公正，同样也会失去良知。

十三　邪者取法

【原文选读】

水至平而邪者取法，镜至明而丑者无怒。

（选自《三国志·蜀书·李严传》）

【文意疏通】

水面是最平的，所以能够以它为标准，来校正歪斜之物；镜子是最明晰的，所以长得丑陋的人即使照镜子也不会因为镜子把丑相映照出来而生气。

【义理揭示】

三国时期，蜀汉丞相诸葛亮曾经罢免了大臣李严的官职，将他流放到偏远的地方。由于诸葛亮公正地按照法规制度执法，李严也心服口服，并不因此怨恨诸葛亮。东晋史学家习凿齿评论这一历史事件时，就用了这句话来解释李严的行为，以及称赞诸葛亮执法的公正。

的确，按照已有的规矩不折不扣地执行，就能够平等公正地对待每一个人，任何人也不至于心生怨气。

十四 公　道

【原文选读】

公道达而私门塞，公义立而私事息。

（选自《韩诗外传》）

【文意疏通】

平等公正的思想通达，为谋取个人不正当利益的门自然就会堵塞；平等公正的原则得到彰显，徇私舞弊的念头自然就会消失。

【义理揭示】

一个人手中有了权，不是坏事。只要你还存有良知，具有平等公正的原则，那你就不会利用手中的权力为自己谋取利益，因为你知道自己手中的权力是公权，是属于广大民众的。

十五 君瘦天下肥

【原文选读】

帝尝猎苑中，或大张乐，稍过差，必视左右曰："韩休知否？"已而疏[①]辄至。尝引鉴，默不乐。左右曰："自韩休入朝，陛下无一日欢，何自戚戚[②]，不逐去之[③]？帝曰："吾虽瘠[④]，天下肥[⑤]矣。且萧嵩每启事，必顺旨，我退而思天下，不安寝。韩休敷陈[⑥]治道，多讦[⑦]直，我退而思天下，寝必安。吾用休，社

稷[8]计耳。”

（选自《新唐书·韩休传》）

注释：

①疏：奏章。

②戚戚：非常悲伤。

③不逐去之：还不赶他离开朝廷。

④瘠：瘦。

⑤肥：富裕。

⑥敷陈：大量陈说。

⑦讦(jié)：斥责别人的过失。

⑧社稷：国家。

【文意疏通】

唐朝是我国封建社会的全盛时期。唐朝那些有作为的皇帝都很重视用人之道，重用那些刚正不阿、敢于直言进谏的良臣。太宗时重用魏徵，政治清明，出现了“贞观之治”的盛世局面。

到了玄宗时期，任用一个叫韩休的大臣做宰相。韩休为人正直，办事认真，他那一丝不苟的工作态度使得很多大臣都惧他三分，连玄宗也不敢任意妄为。

有一次，玄宗在宫中举行游宴，吃喝弹唱，和众妃嫔尽情地享乐。忽然，玄宗想起了韩休，赶紧问手下的人说：“韩休知道我在这里玩乐吗？”

玄宗的话音刚落，部下立即汇报，韩休的谏议书送来了。玄宗打开一看，韩休在谏议书中对玄宗这种纵情声色的行为作了一番指责。

玄宗看完后，没了情绪。他命令众人撤去宴席，自己也闷闷不乐地回到了后宫。

到了宫中后，玄宗举起镜子，看着自己的脸默默不语。他左右的侍臣说："自从韩休当上了宰相之后，皇上您瘦多了。韩宰相也太严厉了，您为什么不把他撤掉呢?"

玄宗放下镜子答道："我虽然瘦去许多，但天下却肥了不少。韩休是位良相。自从他当宰相以来，我的日子是不太顺心。他从来不顺从我的旨意，任何过失也逃不过他的眼睛。我虽然不能为所欲为，但天下的百姓却能更加遂心如愿。我总不能为了自己的肥，而让天下人瘦呀。"

【义理揭示】

玄宗皇帝也好，韩休宰相也罢，一个开明，一个认真，他们有共同的良知，能分辨好坏，能撇清是非，又能将人民的利益放在心坎上，因而其治下能够民众安居乐业，家家仓廪丰实，国库粮食充盈，社会出现了"开元盛世"的局面。

十六 求媚受责

【原文选读】

太宗幸[①]蒲州，刺史赵元楷课[②]父老服[③]黄纱单衣，迎谒路左，盛饰廨宇[④]，修营楼雉以求媚。又潜[⑤]饲羊百余口、鱼数千头，将馈[⑥]贵戚。太宗知，召而数[⑦]之曰："朕巡省河、洛，经历数州，凡有所须，皆资官物。卿为饲羊养鱼，雕饰院宇，此乃

亡隋弊俗，今不可复行。当识朕心，改旧态也。”元楷惭惧。

（选自《贞观政要》）

注释：

①幸：巡视。

②课：强制。

③服：穿。

④盛饰廨宇：大规模装饰房屋和庭院。

⑤潜：偷偷地或暗暗地。

⑥馈：赠送。

⑦数：责备。

【文意疏通】

唐太宗到山西蒲州视察，蒲州刺史赵元楷强行要求百姓士绅穿黄纱单衣，在大路左边拜见接迎太宗，大肆装饰官衙和房屋，修饰城墙，以求得太宗的好感。同时又暗地里饲养了上百头羊和上千条鱼，准备用来送给随行的皇亲国戚。太宗知道了这些事，就把赵元楷招来责备他说：“我巡视黄河、洛河一带，经历了好多地方，凡是我所需要的，都是由官府供应。你今天又是备鱼，又是备羊，还修饰房屋，装点庭院，这是已灭亡的隋朝的坏风气，现在不能再实行。你应当理解我的心意，改变旧习惯。”赵元楷听了，又是惭愧，又是害怕。

【义理揭示】

社会上确实有不少想凭借逢迎拍马青云直上的人，关键在于掌握着大权的要人面对逢迎拍马能否把持得住。

唐太宗把持住了，因而面对赵元楷的逢迎拍马能够加以拒绝，为什么唐太宗对此能把持得住？这是因为唐太宗具有做君主的良知，他知道哪些事可为，哪些事不可为。因为，君主手中的权力是公权，不是为自己谋取私利的。

十七 前倨后恭

【原文选读】

裴佶常[①]话：少时姑父为朝官，有雅望[②]。佶至宅看其姑，会其朝退[③]，深叹曰："崔昭何人，众口称美？此必行贿者也。如此安得不乱！"言未竟[④]，阍者[⑤]报寿州崔使君候谒[⑥]。姑父怒呵阍者，将鞭之。良久，束带[⑦]强出。须臾，命茶甚急，又命酒馔[⑧]，又命秣马饭仆[⑨]。姑曰："前何倨而后何恭也？"及入门，有得色[⑩]，揖佶[⑪]曰："且憩学院[⑫]中。"佶未下阶，出怀中一纸，乃昭赠官𫄨[⑬]千匹。

（选自《国史补》）

注释：

①常：通"尝"，曾经。

②雅望：高雅的声望。

③会其朝退：碰上他退朝回来。

④未竟：没有说完。

⑤阍者：守门的人。

⑥候谒：等着进见。

⑦束带：指更换公服。

⑧命酒馔：叫拿酒菜。

⑨令秣马饭仆：叫给客人喂马、让来客的仆人吃饭。

⑩得色：得意的神色。

⑪揖佶：向裴佶作揖，是告别的礼节，让他出去。

⑫学院：这里指书房。

⑬官绝（shī）：官家的粗绸。“絁”，粗绸，粗缯，似布。

【文意疏通】

裴佶曾经讲过这样一件事：裴佶少年的时候，他姑父在朝中做官，有高雅的名声，被认为是清官。一次，裴佶到姑父家看望姑母，恰巧赶上姑父退朝回来，姑父深深地叹息说：“崔昭是什么人，大家都赞美他？他一定是个行贿者。像这样，社会怎能不乱？”话还没说完，守门人报告寿州崔昭大人等候拜见。裴佶的姑父听后大怒，厉声斥责守门人，准备用鞭子鞭打他。过了很久，才换了官府勉强出来接见。不一会儿，连声喊为客人上茶，又命家人准备酒宴，又叫给客人喂马，又叫给随来的仆人开饭。送走崔昭后，姑母说：“你为什么先前那么傲慢后来又那么谦恭呢？”裴佶的姑父走进内室，洋洋得意。向裴佶拱手说：“暂且先到书房休息。”裴佶还没走下台阶，见他姑父从怀中掏出一张纸，却是崔昭所赠公家的粗绢一千匹。

【义理揭示】

为什么老百姓特别痛恨腐败，就是因为腐败分子往往以权谋私，给社会带来的是不平等和不公平的负面能量。不论受贿的裴佶姑父也好，还是施贿的崔昭也罢，都是如此。他们的的确确就是阻碍社会平等公正推行的负能量。

十八 五日京兆

【原文选读】

（敞）为京兆九岁，坐[①]与光禄勋杨恽厚善[②]，后恽坐[③]大逆诛，公卿奏恽党友不宜处位，等比皆免，而敞奏独寝不下。敞使贼捕掾絮舜有所案验，舜以敞劾奏当免，不肯为敞竟[④]事，私归其家。人或谏舜，舜曰："吾为[⑤]是公尽力多矣，今五日京兆耳，安能复案事?"敞闻舜语，即部吏收舜系[⑥]狱。是[⑦]时冬月未尽数日，案事吏昼夜验治舜，竟[⑧]致其死事。舜当出死，敞使主簿持教告舜曰："五日京兆，竟何如？冬月已尽，延命乎?"乃弃[⑨]舜市。

（选自《汉书·张敞传》）

注释：

①坐：因为。

②厚善：关系非常好。

③坐：指定罪。

④竟：做完。

⑤为：替。

⑥系：拘捕。

⑦是：这。

⑧竟：终于。

⑨弃：斩杀。

【文意疏通】

张敞做了九年京兆尹，因他的朋友杨恽犯了大逆不道之罪被杀，朝中公卿大夫奏请凡是杨恽的亲友，在朝做官的都应削职，他们照例都被免除了官职，只有弹劾张敞的奏章被扣压在皇帝那里，不交给下面去办。这时张敞手下有个管窃案的府吏名叫絮舜，张敞要他出去办案，他以为张敞正被弹劾就要罢官，不愿为张敞办完案件，就私自回家去了。有人对说絮舜，絮舜说："我为这个人卖了很多力啦！现在他只能再做五日的京兆尹罢了，哪能再查办案件呢？"张敞听到絮舜的话，马上派遣属吏捉拿絮舜，将他关押在监狱里，这时冬月只剩几天了，查办案件的官吏日日夜夜办理着有关絮舜的案件，最后判处他死刑。絮舜临出狱就要被处决时，张敞对絮舜说："五天的京兆尹，究竟怎么样？冬天就要过去了，想活命吗？"说完，便在市上将絮舜处以死刑。

【义理揭示】

张敞处置府吏絮舜，是出于他的良知。如果张敞心里没有良知，他怎么会对渎职的府吏絮舜加以处置？

府吏絮舜，用我们今天的话来说是"公务员"。面对这类人，张敞并不因为他的身份而特殊对待。在张敞看来，絮舜是社会健康稳定发展的敌人。

从这个意义上，我们可以说，良知是建立平等公正社会的重要保证。

十九 盗泉宁渴

【原文选读】

曾子[1]立孝，不过胜母[2]之闾[3]；墨子非乐[4]，不入朝歌[5]之邑；曾子[6]立廉，不饮盗泉[7]；所谓养志者也。

（选自《淮南子·说山训》）

注释：

①曾子：曾参，春秋末年鲁国人，孔子的学生。一说"不过胜母之闾"者应为孔子。

②胜母：地名。

③闾：里巷大门。

④非乐：反对音乐。

⑤朝歌：地名，商朝的首都。

⑥曾子：一说不饮盗泉者为孔子。

⑦盗泉：古泉名，故址在今天山东省泗水县东北。相传孔子经过盗泉，虽渴而不饮，恶其名也。

⑧养志：修养心志。

【文意疏通】

曾子认为，君子行孝道，不可进入以"胜母"为名的里弄，墨子主张"非乐"，不愿进入以"朝歌"为名的城邑；曾子认为人要廉洁，不喝名为"盗"的泉水；这就是所谓的修养。

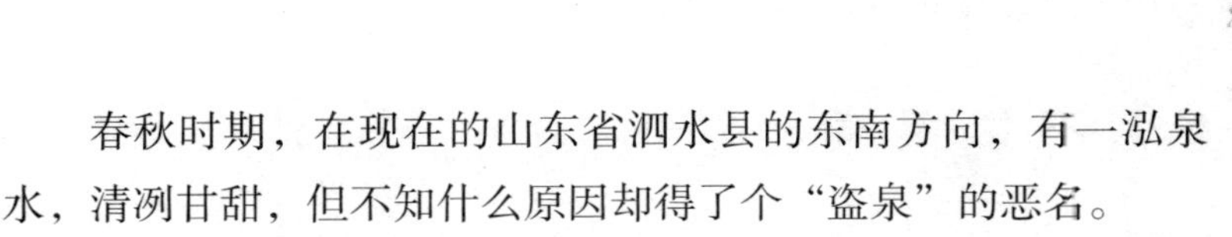

春秋时期，在现在的山东省泗水县的东南方向，有一泓泉水，清冽甘甜，但不知什么原因却得了个“盗泉”的恶名。

一天，曾子带着几个学生路过盗泉。当时天气炎热，曾子和他的学生又赶了一天的路程，都又累又渴。他们就停下来，围绕在泉水旁。曾子正想要弯腰掬一捧清水洗把脸，不料发现泉边有一块石头上镌刻着“盗泉”两个字，立刻转身就走。“老师，您怎么不洗把脸、喝口水再赶路?”

曾子生气地指着那块石说：“你们看看，这是‘盗泉’！我们都是知书达理的人，这‘盗’就最不合乎‘礼’。我宁可渴死也不能喝这‘盗泉’之水！决不能让这‘盗泉’的恶名来玷辱我们!”

就这样，尽管又渴又累，曾子和他的学生没喝盗泉的一口水，又继续赶路了。

【义理揭示】

盗泉之水尽管甘甜，但是曾子宁愿渴死也不喝。为什么呢？因为“盗泉”两字与曾子倡导的“礼”是冲突的，相悖的，良知不允许曾子去喝盗泉之水。

其实，从政者更需要有良知。当从政者手上掌握的公共资源不能让广大民众公平享有的时候，当从政者手上掌握的财富不能让广大民众公平享有的时候，从政者就应该诘问自己良知在哪里。

二十 不营不言

【原文选读】

治官事则不营私家，在公家则不言货利。

（选自《说苑·至公》）

【文意疏通】

在办公事的时候不经营自己的私利，为公家服务的时候不谈论自己的好处。

【义理揭示】

一个从政者，当你在为官府执政的时候，当你在为官府办事情的时候，你所做的事情一定要遵守公理、公德、公利的要求，不可夹杂个人的私利，不可以权钱交易，这样就可以避免用公权谋取个人利益的可能。如果一个从政者失去这样基本的良知，社会的平等和公正也会随之不见踪影。

二十一 何岳还金

【原文选读】

秀才何岳，号畏斋。曾夜行，拾得银二百余两，不敢与家人言之，恐劝令留金也。次早，携至拾银处，见一人寻至，问其银数与封识[①]皆合，遂以还之。其人欲分数金为谢，畏斋曰："拾金而人不知，皆我物也，何利[②]此数金乎？"其人感谢而去。

又尝教书于宦官家[③]，宦官有事入京，寄一箱于畏斋，中有数百金，曰："俟[④]他日来取。"去数年，绝无音信，闻其侄以他事南来[⑤]，非取箱也。因托以寄去。夫畏斋一穷秀才也，拾金而还，暂犹可勉；寄金数年，略不动心，此其过人也远矣。

（选自《金陵琐事》）

注释：

①封识：封存的标记。

②利：以……为利，贪图。

③宦官家：做官的人家。宦官，官吏的通称。

④俟：等待。

⑤南来：到南方来。

【文意疏通】

秀才何岳曾经在夜晚走路时捡到二百余两白银，但是不敢和家里的人说起这件事，担心他们劝自己留下这笔钱。于是第二天早晨，他携带着银子来到他拾到银子的地方，看看是否能找到失主。忽然，他看见有一个人似乎正在寻找什么，便上前问他，回答的数目与封存的标记都与他拾到的相符合，秀才何岳就把银子还给了那人。那人想从中取出一部分白银作为酬谢，何岳说："拾到的白银没有人知道，就可以算都是我的东西了，我连这些都不要，又怎么会贪图这些钱呢？"那人拜谢后就走了。何岳曾经在做官的人家中教书，官吏有事要去京城，将一个箱子寄放在何岳那里，里面有金子数百两。官吏说："等到日后我回来再取。"去了许多年，没有一点音讯，后来听说官吏的侄子为了别的事情要南下，并非是取回箱子。何岳就托官吏的侄子把箱子带回官吏那儿。秀才何岳，只是一个穷书生而已，捡到白银归还，短时期内还可以勉励自己不贪心。金子寄放在他那数年却一点也不动心，凭这一点就可以看出他远远超过常人。

【义理揭示】

良知在人们的道德行为过程中起着非常重要的作用。无论是动机的选择，还是对行为的监督，或者对行为后果和影响的评价，良知都会起到作用。

何岳无论是面对唾手可得的银子，还是面对几年来没有来取的金子，或者是主动交还，或者是"完璧归赵"，都是他内心的良知在发挥作用。

推进社会的平等和公正，固然需要制度的保障，但是也需要良知来产生积极的影响。

二十二 不昧己心

【原文选读】

不昧[①]己心，不尽[②]人情，不竭物力。三者可以为天地立心，为生民立命，为子孙造福。

（选自《菜根谭》）

注释：

①昧：欺骗。

②尽：违背。

【文意疏通】

不欺骗自己的良心，不违背人之常情，不耗尽物质财力，做到这三点就能够在天地之间树立自己的善心，为百姓安身立命做出贡献，为子孙后代积累福祉。

【义理揭示】

立功德于天地之间，造福于百姓生计，这都是泽被四海的千秋伟业。作为每个人来说，要为这千秋伟业尽心出力，需要我们每个人充满良知，不违背人性常情，不浪费财力物力，只有这样，才能营造出融洽和谐的社会风气。

中国人很早就向往“人人相亲、人人平等、天下为公”的理想社会。在中国古代社会，“天下为公”是一种美好的社会理想，是为政者应当遵守的重要道德规范，也是人类必须坚守的社会良知。

“天下为公”的概念是“天下”与“公”概念的合称，也有人把“天下为公”的概念称作“公天下”论。从语言学角度说，“公，犹共也”，“天下为公”即“天下是全天下人共有的天下”之意。从政治学角度说，“公”本来是对古代君主、男性尊

长的尊称等。《史记》中说：“武王杀纣，封周公旦于少昊之墟曲阜，是为鲁公。”“公”后来演变成含有国家、社会、公共、公正、公平、公众等意。“天下”，最初是一种国家称谓，特指天子管辖的区域和属地等。“天下为公”连在一起，在古代社会的意义就是：公共利益高于一切，人与人、人与社会之间应该保持一种平等、公正的关系。其主旨是指国家或社会是公共的，是人民大众的，任何从政者都必须把天下公利摆在第一位，立法定制必须体现平等公正，治国理政必须保证平等公正。

当然，要达到这样的境界，任何从政者都必须坚守人类的良知，因为他们是平等公正社会的设计者和执行者。没有他们的良知坚守，平等公正的愿景只能成为一句空话。所以孔子就提出“政者，正也”，明确表示从政者如果缺失平等公正的良知，就会失去善治国家或社会的必要基础。也因为如此，中国共产党在建设中国特色社会主义中提出了“执政为民”的要求，特别是党的十八大以来，加大了反腐的力度，逐步铲除腐败滋生的土壤，确定了每个公民享有同等生存权利、拥有同等发展机会，共享社会改革发展成果的政府工作方针。

当然，实现平等公正需要一个过程，甚至是漫长的过程，只要我们的心里装有良知，工作起来，“抓铁有痕，踏石留印”，定能实现预期的目标。

郑培民在世时，曾在湖南省担任过市委书记、省委书记、副省长、省委副书记。尽管职务有多次变化，但是他那“万事

民为先”的良知始终揣在怀里。

郑培民在湖南担任州委书记两年多的时间里，跑遍了全州218个乡镇，住过30多个乡镇，还不包括村寨。

郑培民有一次下乡，晚上工作结束得较早，他带着几个身边的工作人员去街上吃夜宵。趁司机停车，郑培民站在夜宵店门口，与摆槟榔摊的小贩聊起来。小贩告诉他，自己是下岗职工，父亲得了癌症，一天摆摊下来赚的钱刚刚可以供一家人糊口。郑培民心里难受极了，把自己兜里的钱掏出来悄悄地塞给他，转身离开，和身边的人说："你看人家生活得这么艰难，这夜宵怎么吃得下去！"

郑培民下乡，总是悄悄去悄悄回，不惊动当地政府。湖南桃源县漳江镇，有一个路边小饭店，小到只有两张桌子。郑培民每次往来湘西与长沙，总会到那里吃饭。为什么呢？这个路边小饭店的老板名叫李德胜，身有残疾。他虽为"老板"，但日子仍显得艰难。所以郑培民即使当上了省领导，他路过必定光顾。从小包包里扯出一条特意带来的香烟："给，拿着抽！"李老板也有礼物回赠：自家加工的酸萝卜泡菜。郑培民笑着接纳，照样交钱吃饭。郑培民的随从人员都明白，李德胜小饭店饭菜的手艺不怎么样，郑培民经常光顾既不给当地政府添麻烦，又照顾了李德胜一家的生计，还可以通过这种办法了解民情。可是郑培民却又从不说破，他顾及的是残疾人既要养家糊口，又不轻易受人施舍的尊严。

郑培民下乡，他不在高级宾馆过夜，而是常常住在农民的家里，特别是孤寡老人家。郑培民心里明白，农村的孤老，没有子女照顾，精神上孤寂，有时也难免被不懂事的乡邻欺负，他要用自己的行动为孤寡老人带来精神上的支持和尊重。

郑培民对民众的需要、困难往往伸出援助之手，对家人的需求却很理性地应对。

郑培民的儿子在湘潭读书，知道父亲要去那里调研，想搭顺风车上学去，郑培民知道后硬把他赶下车。因为郑培民心里清楚，自己坐的是公务车，岂能顺便送孩子去学校？

郑培民大姨子的儿子30岁出头，一直没有工作。有人告诉他说某单位缺一名保安，你去亮亮你姨父的身份就可以了。郑培民知道后发火了，连连说"不可以"。最终，大姨子儿子的工作还是没着落。

郑培民大舅子身体中风，长期病休在家，每月只能享有长病假工资。大舅子的妻子原来在湘潭县湘绣厂工作，后因企业倒闭下岗，也只享有低保金。家里生活非常拮据。想通过郑培民重新安排一个工作。郑培民当时正担任湘潭市委书记，他只要稍微跟县里讲一下，甚至不要讲，只要授意一下，人家马上就会安排她的工作。可郑培民就是提都不提这件事。

郑培民，一个"万事民在先"的官员；郑培民，一个充满社会良知的官员。

1. 什么是人类的良知？

2. 中国古代社会哪一位思想家最早提出"良知"？

3. 践行平等公正的理念为什么要坚守良知？

第四章　平等公正：以制度设计为规范

一 身　　正

【原文选读】

子曰：其身正①，不令而行②；其身不正，虽令不从③。

（选自《论语·子路》）

注释：

①其身正：统治者的自身行为正派。

②不令而行：没有下达法规，老百姓也会按照规矩行事。

③虽：即使。

【文意疏通】

孔子说："当权者如果自身品行端正，那么即使没有颁布法规，老百姓也会按照规矩去行事，当权者如果自身品行不端正，那么即使颁布了法令，老百姓也不会服从。

【义理揭示】

孔子的话意在说明，身为当权者，一定要以身作则。在法规面前，无论是领导者和平民百姓，都是平等的；不存在不受法规约束的人，做什么事都要保持一种公正的姿态。如果当权者在法规面前搞特殊化，那样很难服众。

二 子张问孔

【原文选读】

子张问：“十世可知也[①]？”子曰：“殷因于夏礼[②]，所损益[③]，可知也；周[④]因于殷礼，所损益，可知也。其或继周者，虽[⑤]百世，可知也。”

（选自《论语·为政》）

注释：

①十世：古时称三十年为一世。这里指朝代，十世就是十个朝代。

②殷：殷商。商代盘庚将首都从奄（今山东曲阜）迁到殷（今河南南阳），所以商朝又称殷。因：沿袭，继承。夏：朝代名。

③损益：废除和增补。

④周：周代。

⑤虽：即使。

【文意疏通】

子张问："往后十个朝代的礼法制度，可以知道吗？"孔子说："殷沿袭夏朝的礼法制度，所减少和增加的，是可以知道的；周朝沿袭殷朝的礼法制度，所减少和增加的，是可以知道的；将来或有继承周朝的，即使传到千秋百代，其礼法制度也是可以知道的。"

【义理揭示】

儒学中，"礼"包含有社会典章制度、社会秩序和人的行为规范的含义。子张问孔子十世以后的典章制度演变情况是否可以预知，孔子以文化的发展有其继承性，在继承基础上创新的观点，用夏、商、周虽经政权变化、历史演变，但礼法制度是相同的，既有承袭又有损益，说明在新制度中留存着旧制度的痕迹，在旧制度中孕育着新因素。任何变革，都有所承续。

从这个意义上讲，保证社会平等公正的制度建设，也需要采取继承发展的态度，而不应全盘接受或全盘否定。

三 信近于义

【原文选读】

有子曰："信[①]近[②]于义[③]，言可复[④]也。恭[⑤]近于礼，远[⑥]耻辱也。因[⑦]不失其亲[⑧]，亦可宗[⑨]也。"

（选自《论语·学而》）

注释：

①信：儒家的伦理思想之一，指待人处事诚实不欺，言行一致。此处特指承诺、诺言。

②近：符合，接近。

③义：合宜之礼。

④复：“履”的假借字。此处指实践诺言。

⑤恭：恭敬。

⑥远：使之远离，避免。

⑦因：依靠。

⑧亲：亲族。

⑨宗：尊重，推崇。

【文意疏通】

有子说：“讲信用，要符合于义，这种符合于义的信约诺言，才能去践行。恭敬，要符合于礼，这样做就能避免耻辱。所依靠的应当是自己的亲族，只有这些人才是可尊崇而靠得住的。”

【义理揭示】

“义”是守信的标准，即守信的内容要合于“义”的要求。符合义的诺言，是可以履行的。“信”与“义”的关系是，“义”的实现依靠“信”来促进促成，“信”的内容要以“义”来加以规范。就是说，做事要有原则，不能不讲规矩。其实，建立一个平等公正的社会，同样需要通过制度的顶层设计来对每一位公民加以约束，规范每个人的社会行为，这样，才有可

能保障整个社会运转过程中的平等和公正。

四 法　　仪

【原文选读】

天下从事①者，不可以无法仪②，无法仪而其事能成者，无有也。

（选自《墨子·法仪》）

注释：

①从事：做事。

②法仪：法度。

【文意疏通】

每一个做大事的人，都不可能没有事先制定好的法规制度，如果是事先并没有制定好法规制度而又取得成功的人，至今还没有出现。

【义理揭示】

墨子这里所说的，是强调制度的设计或规范，对每一个想做事的人都是极其重要的。只有把相关的制度设计好，做事情才能有行为准则可依。推行平等和公正也是这样。要平等公正地做事情，就必须有制度在先，否则就难以达到平等公正的效果。

五 立之 废之

【原文选读】

凡事行，有益于理[①]者立之；无益于理者废之[②]。

（选自《荀子·儒效》）

注释：

①理：符合大多数人的利益和社会发展的趋势。

②废之：废除它。

【文意疏通】

处理任何事情，只要符合大多数人的利益和社会发展趋势的就树立它，提倡它，对大多数人的利益和社会发展趋势没有好处的就可以废除它。

【义理揭示】

荀子告诫人们，在日常的生活或治理国家中，处理任何事情，都要以合不合理为标准。合乎公理的事情就去做，就去支持，不合乎公理的事情坚决不做，并且抵制它。这是因为社会是多元的，民众的政治和经济背景也不相同，因而他们的诉求也是多种多样的，我们在平衡各个层面的利益时应该以大多数人的利益和社会发展趋势为尺度。

六 不知法不可

【原文选读】

和民一众①，不知法不可②。

（选自《管子·七法》）

注释：

①一众：使人民和谐一致的意思。

②可：可以。

【文意疏通】

在管理百姓的时候，如果想让大家的行为和思想保持一致，不让他们知晓法律是不行的。

【义理揭示】

管子在这里强调的是，治理国家，管理社会，安抚百姓，都应该有明确的法律制度，所有的人都应按照统一的行为准则行事，这样才能保证社会的正常运行，这样才能保证社会稳定，民众生活安宁。

七 从　法

【原文选读】

君臣上下贵贱皆从法，此谓为大治。

（选自《管子·任法》）

【文意疏通】

不论是君王还是臣子，不论是上级还是下级，不论是富贵还是贫贱，都应该遵循法度做事，这就是所说的天下大治。

【义理揭示】

管子认为，圣明的君主管理国家，主要应该依靠法令制度，而不是其他。一个国家，尽管各有分工（君主主持制定法度，官吏负责执行法度，民众遵守服从法度），但是所有的社会成员，无论你有什么身份地位，都要依照法令制度行事，没有任何人可以置法令制度于不顾，这样的国家与社会，才能体现公共意志，才是国家和社会所能达到的最好状态。

八 以法制断

【原文选读】

上[①]以公正论，以法制断[②]，故任天下而不重也[③]。

（选自《管子·任法》）

注释：

①上：君主。

②以法制断：按照法度判断是非曲直。

③故任天下而不重也：所以治理天下无负重之感。

【文意疏通】

君主议人论事或处理政务时如果能够秉公执政，按照法规判断或处理是非曲直，治理天下就可以得心应手而毫无负重的感觉。

【义理揭示】

在西方文明史中，“公正”是出现频率较高的一个概念。亚里士多德曾指出：“公正是为政的准绳，因为实施公正可以确定是非曲直。”又说：“公正则是守法和均等。”我国古代文献中几乎看不到这个词，但有相同内容的表述。“以法制断”的论说就阐述了从政者依照法规处理事情可以将社会管理得井井有条。

九 法与时转

【原文选读】

法与时转则治，治与世宜则有功。

（选自《韩非子·心度》）

【文意疏通】

法令制度的制定，应该依据不同时代的特点与要求。法令制度顺应不同的时代的特点与要求就能治理好国家，管理好社会，治理的措施适合时代特点和社会需求就能收到成效。

【义理揭示】

历史上周文王以仁政使古戎部落臣服，徐偃王推行仁政却被楚国所灭；舜派人手持盾牌与大斧对着苗人跳舞，使得苗人臣服，而对共工氏跳同样的舞却被杀得大败。

由此，韩非子联想到法令制度的制定。韩非子认为，为政者应根据不同时代的特点与要求，制定不同的法令制度和政策。社会是变化发展的，法令制度与政策也应随之变化，与时俱进。

十 墨者拒私

【原文选读】

墨者有钜子[①]腹䵍[②]，居秦，其子杀人。秦惠王曰：“先生之年长矣，非有它子也，寡人已令吏弗诛矣，先生之以此听寡人也。”腹䵍对曰：“墨者之法曰：‘杀人者死，伤人者刑。’此所以禁杀伤人也。夫禁杀伤人者，天下之大义也。王虽为之赐而令吏弗诛，腹䵍不可不行墨者之法。”不许惠王，而遂杀之。子，人之所私也，忍所私以行大义，钜子可谓公矣。

（选自《吕氏春秋·去私》）

注释：

①钜（jù）子：先秦墨家对墨家大师的称呼。

②腹䵍（tūn）：战国时墨家大师。

【文意疏通】

墨家有个有名的人叫腹䵍，居住在秦国，他的儿子杀了人。秦惠王说："先生的年纪已经大了，也没有别的儿子，我已经对司法官下达命令不杀他了。希望先生在这件事情上听我的。"腹䵍回答："墨家的法经规定：'杀人的人要处死，伤人的要人受刑。'这是用来制止杀人、伤人的行为。制止杀人、伤人，是天下的大理。大王虽然为这件事给我以照顾，让司法官不杀我的儿子，但我腹䵍不能不遵守墨家的法经。"腹䵍没有答应秦惠王，最终杀了自己的儿子。儿子，是每个人所偏爱的，忍心割舍自己所偏爱的而推行大义，这位大师可以称得上大公无私了。

【义理揭示】

面对儿子的性命和墨家的法经，腹䵍选择去私存公。在腹䵍看来，法律面前人人平等，其中没有，也不应该有任何的"特权"，否则，我们的"法"就会成为摆设，社会生活也就会深陷无序。

十一　君子之行

【原文选读】

君子之行，思其终①也，思其复②也。

（选自《左传·襄公二十五》）

注释：

①终：结果。

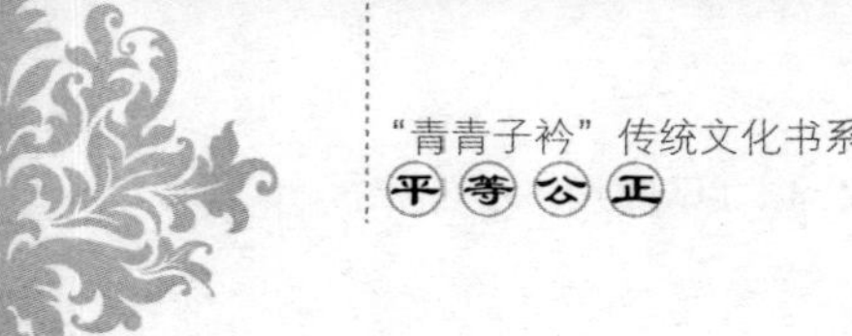

②复：重复。

【文意疏通】

君子的一言一行，要考虑到结果，考虑以后能再这样做。

【义理揭示】

这是卫太叔父子的一段话。他认为，一个成熟的政治家谋划事情必须考虑事情的实行和结果。这提醒人们，无论做什么事情，都应该谨慎一些，考虑种种情况。衡量事情实行之后的得失，万万不可以鲁莽大意，茫然行事，以免作出错误的事情或决策。由此看来，我们在进行有关平等公正制度顶层设计时，也需要这种谨慎的态度。谨慎不是裹足不前，而是在操作过程中再认真一些，再仔细一些。

十二 中　法

【原文选读】

言不中[①]法者，不听也；行不中法者，不高[②]也；事不中法者，不为也。

（选自《商君书·君臣》）

注释：

①中：符合。

②高：推崇。

【文意疏通】

如果是言论不符合法规或制度，你就不要去听从；如果是行为动作不符合法规或制度，你就不要去推崇；如果是事情本身不符合法规或制度，你就不要去做。

【义理揭示】

这几句话是商鞅呈递给秦王奏疏里的内容。它意在强调：朝廷管理层中的每一个人，都应该将法规和制度，有意识地融于思想之中，只有这样才能落实到行动中，真正做到按规矩行事。

十三　约 法 三 章

【原文选读】

与父老约，法三章耳：杀人者死，伤人及盗抵罪。

（选自《史记·高祖本纪》）

【文意疏通】

现在我和父老们约定，订立三条法律：杀人者死；伤人者要抵罪；盗窃者要判罪。

【义理揭示】

刘邦入关，与民众订立必须遵守的规章条款，保障了民众的利益，赢得了民众的信任。所以，通过法规约定，有助于事情的顺利推行。

十四 鞅法太子

【原文选读】

令行于民期年，秦民之国都言初令之不便者以千数。于是太子犯法。卫鞅曰：“法之不行，自上犯之。”将法太子。太子，君嗣①也，不可施刑；刑其傅公子虔，黥②其师公孙贾。明日，秦人皆趋令。

（选自《史记·商君列传》）

注释：

①嗣：继承。

②黥：涂面刺字。

【文意疏通】

新法令在秦国施行不到一年，然而来京城咸阳申诉新法不便的人却数以千计。太子也犯了法。商鞅说：“法令行不通是上面的人犯了法的缘故。”于是想要依法处治太子。太子是国君的继承人，不可加以刑罚。于是商鞅便加刑给太子的辅佐公子虔，将太子的老师公孙贾涂面刺字。第二天，秦国人都急忙按新的法令办事了。

“鞅法太子”是说太子犯法与庶民同罪。

【义理揭示】

太子犯法与庶民同罪，这既是一个法律制度，也是一个在法律制度面前人人平等的体现。也就是说，一个追求平等公正的社会，是不允许任何一个人凌驾于法律制度之上的。

十五　诬今诬古

【原文选读】

执[①]古以绳[②]今，是[③]为诬[④]今；执今以律古，是为诬古。

（选自《默觚·治篇五》）

注释：

①执：遵守。

②绳："以……作为标准来衡量"的意思。

③是：这。

④诬：歪曲。

【文意疏通】

以古时候的法律制度作为标准来衡量当今的社会，这是对当今社会在认知上的歪曲。而用现在的法律制度去衡量古代的社会，这就是对古代社会在认知上的歪曲。

【义理揭示】

这两句话出自清朝魏源《默觚·治篇五》一文，作者阐述了法律制度应当与时俱进，顺应时代的发展潮流的道理，否则，就不能保证社会的平等、公正、稳定与繁荣。

十六 不必法古

【原文选读】

苟利于人，不必法[①]古；必害于事，不可循旧[②]。

（选自《刘子·法术》）

注释：

①法：效法。

②循旧：遵循旧的制度。

【文意疏通】

如果新法对大多数人有好处，那就不一定效仿旧法；如果旧法对社会实际是有害处的，那就不可再遵循过去的旧法。

【义理揭示】

《刘子》的作者是北齐文学家刘昼。书中涉及政治方面的内容时，提出了儒法兼用，君应以民为本，法要应时而变，以及善于发现并合理使用人才等主张。"不必法古"几句话出自其中的《法术》一文，特别强调法因时而变的重要性。

十七 法之必行

【原文选读】

天下之事，不难于立法，而难于法之必行。

（选自《请稽查章奏随事考成以修实政疏》）

【文意疏通】

明万历时期，张居正改革赋税制度，以便改善当时的财政状况。尽管赋税制度得到大家的认可，但是在贯彻执行时却受到阻碍。于是他写了一份奏疏进呈给皇帝，其中就写到了“法之必行”的内容。张居正认为，处理国家或社会上的事情，不是难在制定法度，而是难在让法度一以贯之地执行。

【义理揭示】

法度的生命在于具体实施。法令制度制定出来以后，付诸实施之前，是处于应然状态；法令制度的具体实施，从文本变成行动，这就处于实然状态。以应然变为实然，这就是执行力在发生作用。所以说，一个国家和社会的运转，固然需要制定相应的法令制度，但仅仅制定是不够的，还要注重对法令制度的贯彻执行。

十八 求便于民

【原文选读】

治国之法，为民而立者也，故其行也，求便于民。

（选自《〈法意〉按语》）

【文意疏通】

治理国家和管理社会的法令制度，它归根到底是为了人民创设的。所以法令制度的施行，也一定要遵循有利于民众、有益于民众的原则。

【义理揭示】

法令制度的制定要符合广大民众的愿望，法令制度的施行也应该有利于广大民众的利益实现。所以法令制度绝不可以成为某些从政者的游戏或者牟取私利的工具，它所面对与服务的对象只能是广大民众。

一个社会，要让每一个人平等公正地享有人身权、政治权、经济权、文化权等，就必须要有一个基本准则，即一个时代的法规或制度。这种法规或制度，在古代被称之为“公法”。平等公正地让每个人享有人身权、政治权、经济权、文化权等，确实需要通过执政者不断建立和完善保障民众平等公正的“公法”来实现。

春秋时期的管仲就提出执政者必须“以公正论，以法制

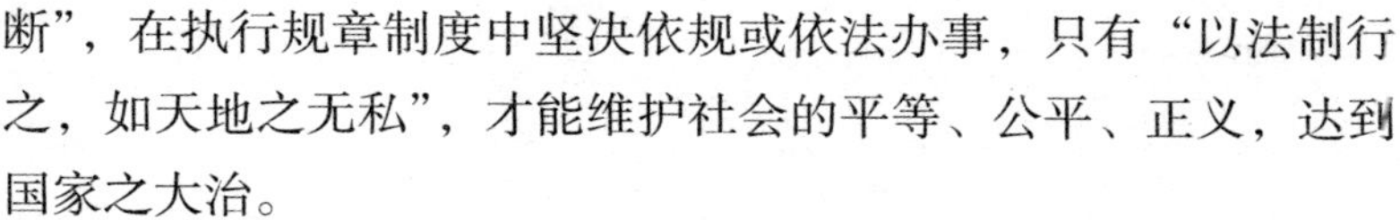

断”，在执行规章制度中坚决依规或依法办事，只有“以法制行之，如天地之无私”，才能维护社会的平等、公平、正义，达到国家之大治。

先秦法家思想的集大成者韩非子认为，国家强弱、社会治乱、平等公正之存亡，全赖于“公法”。他说：“能去私曲就公法者，民安而国治；能去私行行公法者，则兵强而敌弱。”这一主张也告诉我们：没有法规和制度的保障，一切关于平等、公平、正义和公道的许诺，都是靠不住的，单凭思想觉悟和良知发现都是万万不行的。法规制度，或者说公法，不仅是社会运作的标准，更是纠正不平等、不公正行为的一种建设性力量。

如今，在建设中国特色社会主义的道路上，我国政府也吸收了古今中外有关平等公正观念和实践方面的优秀成果。党的十八大报告提出：“加紧建设对保障社会公平正义具有重大作用的制度，逐步建立以权利公平、机会公平、规则公平为主要内容的社会公平保障体系”。健全的公正制度和保障体系，不仅能使弱势民众享受生活和发展的基本权利，而且使社会福利被广大民众共同享有。

当然，提高民众对社会平等公正的满意度，不能光靠热情，更不能仅靠口号，而是需要每一个人在知行合一中去实现。每一位公民，特别是掌握公共权力的领导干部和行政人员、执法人员，都应该从传统文化中挖掘平等公正的资源，把平等公正的理念和公法装在自己的心里，并在具体的实践中平等待人，公平做事，公正做人，依法行事，创造美好和谐并且有利于人的发展的社会。

1916年，蔡元培（1868—1940）先生就任国立北京大学校长。蔡先生到任的时候，许多教职员工都赶来夹道欢迎。蔡先生一下马车看到这热烈场面，非常感动。他面带微笑，一边走，一边脱帽向大家点头致意。那时候刚刚推翻了封建专制，大学校长和员工们的社会地位非常悬殊，员工们看到新上任的校长如此平等待人，都感动地说：“蔡校长多么平易近人啊，在我们面前都不摆架子。”

当时北京大学对新生入学有这样一项规定：新生来校报到，必须交一份由现任的在北京做官的人出具的保证书后才能注册。有一位名叫马兆北的学生，报到的时候看到这个规定，非常气愤，心想：你蔡校长不是提倡自由民主、教育独立吗？怎么竟然要求新生入学必须向官员点头哈腰求得一份保证书？于是，他提笔给蔡元培校长写了一封信，表示如果一定要交保证书，他就坚决退学。

信发出去以后，马兆北心想自己只不过是一个新入学的学生，人家身为教育部长和大学校长，自然要摆摆架子，肯定不会搭理自己了。于是，他开始收拾行李，准备离开北大。

没有想到就在这时，马兆北突然收到一封来信，这封信就是蔡校长的回信，马兆北急急忙忙拆开一看，信的开头竟然写着“元材先生”（即马兆北先生），再看下面的署名，居然是蔡元培校长的亲笔：“弟元材谨启”，信中具体内容是：查德国务大学，本无保证书制度，但因本校是教授治校，要改变制度，必须由教授代表会议讨论通过。在未决定之前，如先生认为我个人可以作保的话，就请到校办找徐宝璜秘书长代为签字盖章。

虽然蔡元培先生也认为由官员出具保证书的规定不妥，但是他始终遵守学校的规章制度，尊重教授会议所作出的决定。

马兆北手捧蔡元培的信，心情万分激动，他被蔡元培先生为人平等、对人尊重、做事守规矩的精神折服了，他决定留下来发奋读书。后来，马兆北在一篇回忆录中写道："这件事，影响了我一辈子，告诉我究竟应该怎样做人。"

1. 中国古代社会哪个学术流派非常重视法规制度的设计？其中的代表人物有谁？

2. 当今的法规和古代的法规理念相比有什么进步和发展？

3. 践行平等公正的理念和法规制度的建立有什么关系？

第五章　平等公正：以中庸思维为方法

一 允执厥中

【原文选读】

人心惟危①，道心惟微，惟精惟一，允执厥中②。

（选自《尚书·大禹谟》）

注释：

①人心惟危：人心已经进入岌岌可危的状态。

②允执厥中：公允实在地执行中庸之道吧。厥：与"其"意思相同，代词。

【文意疏通】

人心崩溃，大道难见，唯一可行的就是专心致志地执行好中庸之道。

【义理揭示】

产生“人心惟危，道心惟微”的困局，全是因为人的所作所为走向了极端。所以要改变这样的困局，一定要执行中庸之道。

二 始制有名

【原文选读】

始制[①]有名[②]，名亦既有，夫亦将知止，知止可以不殆[③]。譬[④]道之在天下，犹川谷之于江海。

（选自《老子·三十二章》）

注释：

①制：制作，这里泛指人类活动。

②有名：有名称的东西，泛指各种器物。

③殆（dài）：危险。

④譬（pì）：打比方。

【文意疏通】

人类开始活动，也就出现了各种有名称的器物。器物出现以后，也应该懂得适可而止。懂得适可而止就能避免危险。打个比方，普遍规律与天下万物的具体规律的关系，就好像江海与河川的关系一样。

【义理揭示】

老子对待人们制造器物这件事，是抱着“过犹不及”的态度。他并不反对人们使用某些器物，但要求人们在制作器物时要适可而止，有一个限度，不要无限制地发展下去。这个限度就是以吃饱穿暖为准，也即老子所说的“圣人为腹不为目”。

其实，平等公正的社会也需要“过犹不及”的态度。面对社会利益多样化的现实，民众的利益诉求也呈现多样化，这就需要我们以“过犹不及”的思维方法去平衡民众的各种利益诉求，以求得广大民众的拥护。过“度”和欠“度”都不能达到老子说的这种境界。

三 中庸为德

【原文选读】

子曰：“中庸[①]之为德也，其至[②]矣乎！民鲜[③]久矣。”

（选自《论语·雍也》）

注释：

①中庸：“中”表示“不偏不倚”的意思；“庸”表示“平常”的意思，合起来表示孔子平时思考问题和处理事情的原则是不偏不倚，不走极端。

②至：极高。

③鲜：少。

【文意疏通】

孔子说："中庸之道作为一种德行，它应该是最高的了！人们缺少这种德行已经很久了。"

【义理揭示】

孔子之所以把"中庸"作为一种德行，是因为中庸作为一种思维方法或处理问题的方法，始终保持中正、中和，这样才可能走向平等和公正。

四　过犹不及

【原文选读】

子贡问："师与商[①]也孰贤？"子曰："师也过[②]，商也不及[③]。"曰："然则师愈[④]与？"子曰："过犹[⑤]不及。"

（选自《论语・先进》）

注释：

①师与商：颛孙师（子张）与卜商（子夏）。

②过：过度或过头。

③不及：不能达到。

④愈：好。

⑤犹：如同。

【文意疏通】

子贡问孔子：“子张与子夏两人谁更优秀一些？”孔子说：“子张做事常常过头，子夏做事情有些赶不上。”子贡说：“既然这样，那么是不是子张就好一些呢？”孔子说：“不是的，做过了头，就像做得不够一样，都不好。”

【义理揭示】

子张做事过了头，孔子批评；子夏做事不到位，孔子也反对。为什么呢？孔子认为，无论是思想还是行动，都应该恰到好处，不偏向任何一方。否则，在处理事情与评价别人时就做不到平等、公正。

五 叩其两端

【原文选读】

子曰：“吾有知乎哉？无知也。有鄙夫[①]问于我，空空如也。我叩[②]其两端而竭[③]焉。”

（选自《论语·子罕》）

注释：

①鄙夫：指乡村的人。

②叩：探究。

③竭：穷尽。

【文意疏通】

孔子说："我有知识吗？我其实没有知识。有一个乡下人向我请教怎样种田，我肚子里空空的，一无所知。但是我喜欢探究事物两端之间的问题，而且直至探究清楚为止。这样平衡好两端之间的问题，问题往往能得到妥善处理。"

【义理揭示】

孔子的"叩其两端"就是告诫我们：无论是认识事物还是处理事物，都要适度而止，不要走向极端；如果走向极端，一定会在事物的认识方面或处理方面出现偏激，这样就会产生负面效应。

六　欲

【原文选读】

欲虽不可尽，可以近尽也；欲虽不可去，求可节也。

（选自《荀子·正名》）

【文意疏通】

欲望虽然不可以完全满足，但可以接近完全满足；欲望虽然不可以完全抛开去，却可以加以节制。

【义理揭示】

每个人都有欲望，这是很正常的。但是作为拥有权力者，对欲望就要加以克制。如果欲望无度，势必不可能平等地待人待物，公正地分配资源，均衡各方利益。

七 处而不底，行而不流

【原文选读】

用而不匮，广而不宣[①]，施而不费[②]，取而不贪，处而不底，行而不流。

（选自《左传·襄公二十九年》）

注释：

①宣：显露。

②费：耗损。

【文意疏通】

方式多样而不匮乏，宽广而不显露，施予而不耗损，求取财物而不贪婪，静止而不停滞，流动而不泛滥。

【义理揭示】

一个人，无论是“用”也好，“广”也罢，是“施”也好，“取”也罢，还是“处”也好，“行”也罢，都应该取两者之间的平衡点。这样，我们在权益分配时就相对容易做到平等公正。

八 取与无取

【原文选读】

孟子曰："可以[1]取，可以无取，取伤廉；可以与[2]，可以无与，与伤惠；可以死，可以无死，死伤勇。"

（选自《孟子·离娄下》）

注释：

①可以：可以凭借。

②与：给。

【文意疏通】

孟子说："可以凭借它来取东西，也可以凭借它不取东西，不该取东西时却取了，这样会伤害廉洁；可以凭借它给别人东西，也可以凭借它不给别人东西，不该给别人东西的时候却给了，这样会伤害恩惠；可以凭借它死，也可以凭借它不死，不该死的时候却死了，这样会伤害勇。"

【义理揭示】

过度的"取"会伤害廉，过度的"与"会伤害恩惠，不适当的"死"会伤害勇。也就是说，任何事物都有一个适当的"度"，超过这个"度"，事物往往就会走向它的反面。所以"中庸"思想主张的就是这种不偏不倚，因为它能达到一个均衡的境界。

九 执其两端

【原文选读】

子曰："舜其大知[①]也与。舜好问而好察迩[②]言，隐恶而扬善，执其两端[③]，用其中于民，其斯以为舜乎。"

（选自《礼记·中庸》）

注释：

①知：通"智"。

②迩：近。

③执其两端：拿着过激和不足两方面的意见。

【文意疏通】

孔子说："舜可以称得上大智了吧。舜好请教别人而又善于分辨身边人的言论，为别人隐匿短处而宣扬长处，拿着过激和不足两方面的意见，加以折中，采用中庸之道施行于民众，这就是舜之所以成为舜的原因吧。"

【义理揭示】

孔子为什么对舜大加赞赏？这是因为舜在民众理政方面走中庸路线，他既不激进，又不保守；既无"过"，又无不"及"。

亚里士多德在《雅典政制》中有记载：梭伦时代因"多数人被少数人奴役，人民起来反抗贵族。党争十分激烈，各党长期保持着互相对抗的阵势。直到后来，他们才共同选择梭伦作为调停人和执行官，把政府委托给他"。梭伦因此提出："我拿着一只大盾，保护双方，不让任何一方不公正地占据优势。”所以说，公正的一个鲜明特点就是不偏不倚，梭伦处理社会问题的方法，可以说与舜“执其两端”的思想异曲同工。中西方的文明的确有很多相通的地方。

十 中　和

【原文选读】

中也者，天下之大本也；和也者，天下之达道也。致[①]中和，天地位[②]焉，万物育焉。

（选自《礼记·中庸》）

注释：

①致：达到。

②位：位置，这里作为动词用。

【文意疏通】

“中”，是人人都有的本性；“和”，是大家遵循的原则。如能达到“中和”的境界，天地便各在其位了，万物便生长繁育了。

【义理揭示】

一个人的喜怒哀乐不轻易表现出来，心中平静，不偏不倚，这叫“中”；即使表现出来也符合节度，无过不及，叫作

"和"。达到中和，就达到平衡。如此思考问题或处理问题，平等公正就能得到很好的体现。

十一 不偏不倚

【原文选读】

中者，不偏①不倚②，无过不及③之名。

（选自《四书集注》）

注释：

①偏：偏袒。

②倚：偏斜。

③及：达到。

【文意疏通】

中庸或中和，就是不偏向这，也不倚向那，既不过，也无不及。

【义理揭示】

不偏不倚不是调和折中，也不是取一个等距离的中心点，而是不偏离正道；对于正道来说，过度和不及都是有所偏倚，不偏不倚也就是无过无不及，也就是适度。有了这样的思想方法，无论是政策的顶层设计还是具体问题的处理，才有可能体现平等、公正的原则。

十二 忧勤勿过

【原文选读】

忧勤是美德，太苦则无以适性怡情；澹泊[1]是高风，太枯则无以济[2]人利物。

（选自《菜根谭》）

注释：

①澹泊：清心寡欲。

②济：帮助。

【文意疏通】

操劳忧心可以说是一种美好的品德，但是过分辛苦则不利于个人性情的陶冶；清心寡欲可以说是高风亮节，但若走向极端则对人与事都没有什么益处。

【义理揭示】

中庸的思维特征就是不偏不倚，过犹不及。因此，我们提倡适度：我们可以勤于劳作，但不能殚精竭虑，劳形损骨；我们可以甘于淡泊，但不能变得漠然无情。

十三 不可浓艳和枯寂

【原文选读】

念头浓者，自待厚，待人亦厚，处处皆浓；念头淡者，自待薄，待人亦薄，事事皆淡。故君子居常嗜好，不可太浓艳，亦不宜太枯寂。

（选自《菜根谭》）

【文意疏通】

一个情感丰富、心胸宽广的人不仅能厚待自己，也能厚待他人，处处讲究物丰用足、气派豪华；一个枯槁无欲的人不仅待自己刻薄，对别人也很刻薄，对待任何事情都表现得冷漠无情。所以有德行的君子对于日常之喜好，既不要太过沉迷，追求豪奢，也不宜刻薄吝啬、心如死灰。

【义理揭示】

一个人无论在私生活还是社会生活中，都要把握好分寸，既不过分追求奢华，也不极度吝啬薄情。前者容易困于物欲的诱惑，后者容易导致铁石心肠。其实，健康合理的个人生活与正常的社会生活，都应该以适度为原则。

在中国传统文化中，思考处理人与人之间关系、人与社会之间关系、人与自然之间关系的准则，是"中庸"或"无偏"。

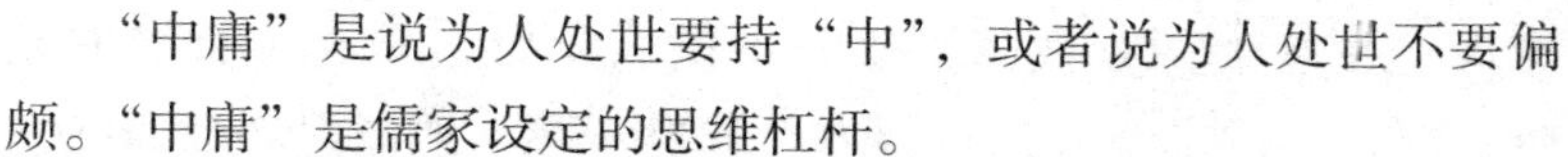

“中庸”是说为人处世要持“中”，或者说为人处世不要偏颇。“中庸”是儒家设定的思维杠杆。

“中”是指避开两头的极端而权衡出一个中间值，“庸”是指一种寻常实用的稳定状态。《礼记·中庸》认为，中庸的思维方法是反极端的，它是“执其两端，用其中于民”。“执”是指执行和掌控，也就是说，把两端掌控住了，只取用两端之间的“中”，才可能“不偏”，才可能有利于万民。这个“中”就是处于支撑两端的平衡点，它不同于两端，又照顾并牵制着两端，使两端不至于失衡。

从这个意义上讲，无论是古人还是今人，我们在推进社会平等公正有序地发展中，都离不开中庸的思维方法，因为这种思维方法具有“取中间值”的特征，因而能避开极端，从而会有“公平和无所偏”的思维保证。

所以，做任何事情包括推广平等公正的社会理念，都要有一定的标准，做事达不到标准或超过标准，都达不到预期的目标。在做任何事情的时候，都要善于运用“中庸”或“不偏”这个标准，随时做到适中。孔子说：“中庸之为德也，其至矣乎！”孔子高度称赞“中庸”是至高的品德，可见恰到好处地掌握各种事物的分寸（即“度”），这是何等的重要！

1895年，张伯苓从北洋水师学堂航海科毕业，在通济舰上实习。这时英国以武力强迫日本交出威海卫的控制权，并无礼地要求清政府将威海卫的租借权转让给英国。通济舰到威海卫之后，军舰上的官兵降下了日本的太阳旗，升起了自己的龙旗。但是不过半个月，英国方面就迫不及待地催促清政府降下龙旗，升起了英国的米字旗。目睹国帜三易，张伯苓深受刺激，决心从海军退役，投身于教育事业。因为，他此时已深深地明白，落后是要挨打的。

1904年，张伯苓在严范孙、王奎章等人的大力支持下，开始创办教育。但搞学校是要经费的，经费从哪里来呢？张伯苓行走于士绅之间，奔波于政要之中，并得到了天津不少开明士绅的帮助，有的捐款，有的提供场地。1907年，在天津旧城西南一块名为“南开洼”的盐碱荒地上，张伯苓建起了“南开中学堂”。

一年年过去了，学校规模越来越大。为了保证学校的各项开支，张伯苓有如抚着钵盂的游方僧，到处化缘。有的学生不理解其中的辛劳，提出“我们不要官僚军阀土豪劣绅的捐款，也不接受官僚军阀土豪劣绅的献地。”张伯苓风趣地回答：“美丽的鲜花不妨是牛粪浇出来的。”张伯苓的回答很好地找到了鲜花和牛粪的平衡点。学生们暗自觉得张伯苓的回答很在理。

1919年，南开大学成立了，这是中国历史上第一所私立大学。1936年，重庆南开中学建成了。整个南开学校校产值约为四百万银元，而此时的张伯苓可以说是很像样的学店老板。但是张伯苓从没有在自己身上乱花过一分钱。堂堂的“南开”老板，竟然经常以步代车。市教委开会，散会后有服务员询问他车牌号是多少，他随口答道：“11号”。该服务员找来找去，也没有发现11号车，等他看到张伯苓已经走远的背影，这才领悟到“11号”是步行的意思。有人觉得张伯苓不可思议，张伯苓总是笑着回答：“办学花钱多了，我们管理的就手头紧一点，这

也是让两端平衡再平衡。”

张伯苓给教授们修建了宽敞的住宅，自己却住在南开中学后面一个简陋的平房里。有一次，张学良将军去拜访他，汽车在附近转了好长时间，怎么也找不到“张公馆”，最后，只好下车打听，终于在一个旮旯里找到了。有人问他，你这样做图什么呢？张伯苓开玩笑地说道：“一好一差，正好可以平衡一下‘南开’的住房条件。”

1. 中庸的思维特征是什么？
2. 作为一种思维方式，中庸是不是对等于折中调和？
3. 推行平等公正和中庸有什么关系？

第六章　平等公正：和谐社会之必须

一 和实生物

【原文选读】

和实生物，同则不继。

（选自《国语·郑语》）

【文意疏通】

不同的事物互相融合，就会产生新的事物；所有的事物都一样，也就不会再融合与发展了。

【义理揭示】

西周时期的史官伯阳父认为，世间万物是由金、木、水、火、土等性质不同的基本元素融合产生的，而将相同元素放在一起，就不会产生任何新事物。伯阳父对"和"与"同"的区

分，就是古代和谐观的雏形。

其实，我们所谓的“和”，并不是要求大家完全一致，而是强调不同事物之间的融合、共存的和谐关系。

二 和为贵

【原文选读】

礼之用，和为贵。

（选自《论语·学而》）

【文意疏通】

礼的推行和使用，贵在使天下和谐。

【义理揭示】

这句话出自孔子的弟子有子之口。春秋时代，周室衰微，原有的礼制和社会秩序遭到破坏，不同阶层之间的对立和矛盾日益突出，恶性事件屡屡发生。对此，有子提出了“礼之用，和为贵”的主张，认为要缓和不同阶层之间的对立和矛盾，提高社会的和谐度。缓和不同阶层之间人们的对立和矛盾，固然需要让每个人能够尚礼节、知荣辱，但是也需要社会不同阶层平等公正地享有应有的权利。这样，我们的社会秩序才能维护好，人与人之间才能和谐相处。

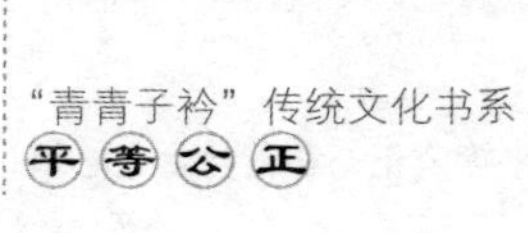

三 和　合

【原文选读】

和合[①]故能谐[②]。

（选自《管子·兵法》）

注释：

①合：团结。

②谐：行动协调一致。

【文意疏通】

上下级之间和睦、团结，人与人之间和睦、团结，族群内部和睦、团结，因而他们在问题的处理上和行为动作上就能协调一致。

【义理揭示】

春秋时期的齐国名相管仲，在谈及治军时认为，用正确的思想引导将士，就能使军队内部和睦，用良好的德行规范将士，就能实现军队内部团结。军队和睦团结了，行动就能协调一致，全军上下行动协调一致了，作战就能无往而不胜。

治军如此，国家的治理，社会的管理，何尝不是如此。只有我们在公民权益、物质分配上，让每一位民众都能平等公正地享有，和谐社会的建设目标才有可能达成。

四 孟子见梁惠王

孟子见梁惠王。王立于沼[①]上，顾鸿雁麋鹿[②]，曰："贤者亦乐此乎？"

孟子对曰："贤者而后乐此，不贤者虽有此，不乐也。《诗》云：'经始灵台[③]，经之营[④]之，庶民攻[⑤]之，不日成之。经始勿亟，庶民子来。王[⑥]在灵囿[⑦]，麀鹿[⑧]攸[⑨]伏[⑩]。麀鹿濯濯[⑪]，白鸟鹤鹤[⑫]。王在灵沼，于[⑬]牣[⑭]鱼跃。'文王以民力为台为沼，而民欢乐之，谓其台曰灵台，谓其沼曰灵沼，乐其有麋鹿鱼鳖。古之人与民偕乐，故能乐也。《汤誓》[⑮]曰：'时[⑯]日害[⑰]丧？予及女[⑱]偕[⑲]亡！'民欲与之偕亡，虽有台池鸟兽，岂能独乐哉？"

（选自《孟子·梁惠王》）

注释：

①沼：水池。

②鸿雁麋鹿：朱熹《集注》云："鸿，雁之大者；麋，鹿之大者。"

③经始灵台：引自《诗·大雅·灵台》，这是一首歌颂周文王德行的诗歌。灵台的旧址在今陕西省鄠县以东。

④营：郑玄《毛诗笺》云"营表其位"，孔疏云"谓以绳度立表以定其位处也"。

⑤攻：朱熹《集注》云："治也。"

⑥王：指西周的开国君主周文王。

⑦灵囿：囿是畜养禽兽的场所，规模小的用于游观，规模大的用于围猎。灵台之下有囿和池沼，故称"灵囿"，下文的"灵沼"与此意同。

⑧麀（yōu）：雌鹿。

⑨攸：郑笺云：“所也。”

⑩伏：朱熹《集注》云：“安其所不惊动也。”

⑪濯濯：肥胖而有光泽的样子。朱熹《集注》云：“肥泽貌。”

⑫鹤鹤：羽毛洁白的样子。朱熹《集注》云：“洁白貌。”

⑬于：句首助词，无义。朱熹《集注》说是赞叹词。

⑭牣（rèn）：毛传云：“满也。”

⑮《汤誓》：《尚书》的篇句，记载着商汤讨伐夏桀之时的誓师之词。

⑯时：朱熹《集注》云：“是也。”

⑰害（hé）：何，指何时。据《尚书大传》说，夏桀暴虐无道，大臣向他劝谏，他居然无耻地说：“上天有太阳，如同我拥有天下，太阳会灭亡吗？太阳灭亡了，我也就灭亡了。”于是民众就说了此处所引的一段话，表示了对夏桀统治的厌弃。

⑱女：通“汝”，你。

⑲偕：一同。

【文意疏通】

孟子进见梁惠王，惠王站在池边，一面顾盼着飞雁、驯鹿，一面说：“有道德的人也享受这一种快乐吗?”

孟子答道：“有道德的人才有这样的快乐，无道德的人即使有这些却不感到快乐。《诗经》中说：‘灵台刚刚奠基，正在规划之中。百姓赶来建造，没有几天竣工。王说建台不要着急，百姓像子女为父母出力一样踊跃。文王来到灵囿，母鹿安卧不惊。母鹿多么壮实，白鸟多么洁净。文王来到灵沼，满地鱼儿跃迎。’文王用民力建高台、挖池沼，百姓欢欢喜喜，把这个台称为灵台，把这个池称为灵沼，为它有禽兽鱼鳖感到高兴。古

时候的君子与老百姓一起快乐，所以能够感到快乐。《汤誓》中便记载了老百姓的怨歌：‘这太阳何时陨落？我们宁肯和你一起灭亡！’百姓恨不得与他一起灭亡，他即使有高台池沼、飞禽走兽，难道能独自感到快乐吗？”

【义理揭示】

孟子认为，统治者必须与百姓忧乐相通，体恤下民。这样百姓高兴，统治者也高兴，形成上下和谐的政治局面。否则，把自己的快乐建立在百姓的痛苦之上，这样的快乐难以持久，即使得到了也不会感到快乐。

五 门外之治

【原文选读】

门外之治，义断恩。

（选自《礼记·丧服四制》）

【文意疏通】

国家与政治的公共领域，必须坚持平等公正的原则，不能因为小义或者个人的感情因素影响到社会的平等和公正。

【义理揭示】

在公共领域里，必须以平等公正为行为主导的原则。处理公共事物则要以“义”为原则，或社会的平等公正为原则，不考虑个人感情因素，即所谓的"义断恩"。也就是说，不能因为个人的感情因素影响公共资源的分配平等以及公正，这样，才能建成和谐社会。

六 大道之行

【原文选读】

大道[①]之行也，天下为[②]公，选贤与能，讲信修睦。故人不独亲其亲[③]，不独子其子[④]，使老有所终，壮有所用，幼有所长，矜寡孤独废疾者[⑤]，皆有所养；男有分，女有归；货恶其弃于地也，不必藏于己；力恶其不出于身也，不必为己。是故谋闭而不兴[⑥]，盗窃乱贼而不作[⑦]，故外户而不闭，是谓大同。

（选自《礼记·礼运》）

注释：

①大道：此谓五帝时期的治理天下之道，实际是指儒家学者所理想的社会制度，即"大同"社会。

②为：是。

③不独亲其亲：前面的"亲"为动词，解释为"亲爱"；后面的"亲"为名词，解释为"亲人"。

④不独子其子：前面的"子"为动词，解释为"抚养孩子"，后面的"子"为名词，解释为"孩子"。

⑤矜寡孤独废疾者：年老丧夫或丧妻而孤独无靠的人以及残疾人。

⑥兴：施展。

⑦作：产生。

【文意疏通】

大道实行的时代，天下是人民所公有的，选择贤能的人而把领袖的地位传给他，人与人之间讲信用而和睦相处。因此人们不只是爱自己的双亲，不只是抚养自己的子女，而使老年人能得终养，壮年人有用武之地，幼童能得到抚育，年老丧夫或丧妻而孤独无靠的人以及残疾人都能得到照顾和赡养；男子都有自己的职业，女子都能适时婚嫁；嫌恶财物被糟蹋浪费，但并不必为己所有；嫌恶有力气偷懒不用，但并不必为自己服务。因此阴谋诡计被扼制而不得施展，盗窃和乱臣贼子不会产生，外出可以不用关门，这就叫做大同社会。

【义理揭示】

这里展示的是一个在社会生产、成果分配，以及财富占有上体现各尽其力、各得其所、全民平等的大同社会，也是一个在社会关系上讲求诚信友善、人人为公的和谐社会。

七 刚　与　柔

【原文选读】

刚柔得道谓之和。

（选自《新书·道术》）

【文意疏通】

刚性与柔性结合得恰到好处，这就可以称它是和谐的。

【义理揭示】

刚性的多了，就容易折断，柔性的多了，就容易殆尽。只有刚性和柔性结合起来才是最佳状态。因为一味地逞强或一味地示弱，都不是和谐的境界。

八 言为士则，行为世范

【原文选读】

陈仲举[①]言为士则[②]，行为世范。登车揽辔[③]，有澄清天下之志[④]。为豫章[⑤]太守，至，便问徐孺子[⑥]所在，欲先看[⑦]之。主簿[⑧]白[⑨]："群情欲府君[⑩]先入廨[⑪]。"陈曰："武王[⑫]式[⑬]商容[⑭]之间[⑮]，席不暇暖[⑯]。吾之礼贤，有何不可？"

（选自《世说新语·德行》）

注释：

①陈仲举：即陈蕃，字仲举，汝南平舆（今属河南）人。汉桓帝时，历任尚书、太尉等职，为人刚直，不畏强势，是东汉末年士大夫中有影响的人物之一。

②则：同下文的"范"，都是规范、榜样的意思。

③登车揽辔：意思是出仕上任。揽，持。辔，驾驭牲口的缰绳。

④澄清天下：使天下政治清明。

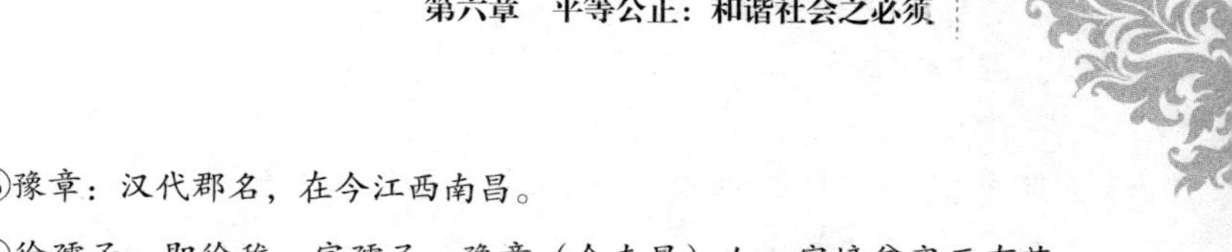

⑤豫章：汉代郡名，在今江西南昌。

⑥徐孺子：即徐稚，字孺子，豫章（今南昌）人。家境贫寒而有节操，多次被皇帝征聘，终不出仕，有“南州高士”之称。

⑦看：这里是探望、访问的意思。

⑧主簿：汉代负责文书簿籍、掌管印鉴的佐官。

⑨白：禀告。

⑩府君：汉魏时期对太守的尊称。旧时也用作子孙对先世的敬称。

⑪廨（xiè）：官署，官吏办公及居住的地方。

⑫武王：周武王姬发，为周代开国君主，是古代有名的贤君。

⑬式：同“轼”，车前扶手的横木。这里用作动词，指站在车上，俯身扶轼以示对人的敬意。

⑭商容：商纣时的大夫，因直谏而被贬谪。

⑮闾（lǘ）：里巷的门。“式闾”，后来成为礼贤下士的典故。

⑯席不暇暖：连坐暖席子的时间都没有。

【文意疏通】

陈蕃的言谈是士人的准则，行为是世间的典范。他出来做官，怀有使天下政治清明的志向。他做豫章太守时，刚到豫章，就打听名士徐稚的住处，想先赶去拜访。主簿对他说：“大家都希望请您先进官署再说。”陈蕃说：“周武王乘车路过贤士商容所居住的里巷的门外时都要表示敬意，接待贤士忙得连坐席都坐不暖。现在我尊敬贤士，有什么不可以呢？”

【义理揭示】

用我们现在的话来说，陈蕃是一个公务员，而且是有一定职务的公务员。他在上任之前先要拜见当地贤士，至少说明他是一个讲礼节的人，是一个平等待人的人。他不因为自己位居高位而疏远他人，轻视他人。在当今社会，为官者也应该像陈蕃那样，礼贤下士，以民为本，只有这样，才能建成社会主义和谐社会。

九 志合者与道乖者

【原文选读】

志合者，不以山海为远。道乖者，不以咫尺为近。

（选自《抱朴子·博喻》）

【文意疏通】

志同道合的人，不会因为山海的阻隔而感到彼此距离很远。志不同道不合的人，即使近在咫尺也会觉得心离得很远。

【义理揭示】

葛洪是东晋时有名的医药学家、道教学者。在中国传统文化中，无论儒家还是道家，它们的思想体系中都蕴含着丰富的和谐文化。在葛洪看来，人与人之间的和谐不是以距离远近来衡量的，和谐的基础是志同道合，"道不同，不相为谋"。

十 其平不平

【原文选读】

拘囹圄[①]者以日为修[②]，当死市[③]者以日为短。日之修短有度也，有所在而短，有所在而修也，则中[④]不平也。故以不平为平者，其平不平也。

（选自《淮南子·说山训》）

注释：

①囹圄：监狱。

②修：长。

③死市：弃市，古代死刑之一。

④中：心中。

【文意疏通】

囚禁在监狱里的人觉得日子长，要弃市砍头的人觉得日子短。一天的长短是有标准的，处于这种境况的人觉得短，处于那种境况的人觉得长，这是因为他们心中不平等公正。所以用不平等公正的心去看平等公正的事物，其所认为的平等公正其实也是不平等公正的。

【义理揭示】

判断是否平等公正，是要有标准的。我们只有站在公共的立场上才能看得真、看得切，当然这种公共立场一定是超越自我的，以“天下为公”的。

十一 天地之道故平

【原文选读】

天地之道故平，平则万物各得其所，及其不平也，此厚则彼薄，此乐则彼忧。

（选自《潜书·大命》）

【文意疏通】

天地运行的规律是平等的，平等了万物就各得其所，一旦出现不平等，有人富裕，就会有人贫穷；有人快乐，就会有人忧伤。

【义理揭示】

在唐甄看来，社会成员之间人与人有贫富差距是不可避免的，但是贫富之间一定要达到平衡，因为富人的所得实际上是穷人的所失，如果厚薄不均、乐忧不等，这样的状态难以维系持久，甚至会导致社会动荡。

十二 天下为公

【原文阅读】

天下为公，是谓大同。

（选自《大同书》）

【文意疏通】

整个社会以公平正义为准则，这样的社会就是我们所说的理想和谐的社会。

【义理揭示】

所谓“天下为公”，其主旨是指国家是公共的，是人民大众的，它崇尚的是一种公众的合理生存。执政者必须时刻把天下的公利摆在第一位，立法定制必须体现公平正义，社会治理必须保证公平正义。这样的社会才可能称为“大同”社会，也才可以称为和谐的社会。

十三 人　　平

【原文阅读】

人平不语，水平不流。

（选自《续传灯录》）

【文意疏通】

老百姓得到公平的对待就不会有怨言，水面平静就不会有流动。

【义理揭示】

一个大同的世界，或者说，一个和谐的社会，人们总是其乐融融的，因为他们得到平等公正的对待，心中没有怨言。所以，只有广大民众享有平等公正的社会生活，一个大同的世界、一个和谐的社会才有可能到来。

文化倾听

“和谐社会”的愿景，是我们今天正在努力追求的。但是在古代社会就有其雏形。据记载，中国人早就提出了“和为贵”的思想，追求天人和谐、人际和谐、身心和谐，向往“人人相亲、人人平等、天下为公”的理想社会。这个理想社会恐怕就是我们今天所说的“和谐社会”的元认知。

在古代社会，儒家从建设性角度构建了这样一个理想社会。孔孟儒学提出了“修齐治平，民重君轻，先忧后乐，不患寡而患不均、不患贫而患不安，天下为公，人人平等”的想法，经过几千年的不断发展，都为今日和谐社会的建设奠定了基础。

在古代社会，道家从批判性的角度丰富了一个人人平等的理想社会图景。而老庄则从人性、人格和社会平等诸方面，设计出了一幅人人平等、人人劳动、人人“甘其食，美其服，安

其居，乐其俗”（《道德经·八十章》）的社会蓝图。

作为古代有关和谐、理想社会思想集大成者，康有为在综合儒家仁学，道家平等观，以及当时初步了解到的西方基督教的平等观念和欧洲空想社会主义理论的基础上，构建了一个充满东方文化色彩和世界意识的理想社会。他说：“当太平之世，既无帝王、君长，又无官爵、科第，人皆平等。”（引自《大同书》）

无论是儒家理想社会的建构，还是道家理想社会的建构，或者是康有为的归纳和发展，对当代和谐社会建设都具有极其重要的借鉴价值，而且他们都把平等、公正作为理想社会的主要元素。所以我们可以说，和谐社会的建设，离不开人与人的和谐，离不开人与自然的和谐，更离不开广大民众利益的维护和满足，而平等公正是实现这些条件的前提、基础和保障。

在互联网上曾流传着一张照片，一双满是裂痕和老茧的手上，是一张数额极低的工资条。而这双手的主人，就是一名环卫工人。

怎样让环卫工人劳有所得？怎样保障他们的收益和权益？

一、通过建立环卫行业集体协调制度来保障环卫工人的利益。

作为全国工资集体协商先进典型单位的上海绿化市容行业工会，总结出来的经验是坚持平等协商、合法公正、突出重点、劳资双赢的原则，努力提高集体协商工作的科学性和规范性。

在工资集体协商的过程中，上海绿化市容行业协会以建立一个保障机制为突破口，着力解决职工群众最关注的、迫切需要解决的突出问题，特别是将行业职工最低工资标准、年度工资增长计划、休息休假、保险福利等职工的切身利益作为工资集体协商的重点内容。经过具体运作，先后明确了行业最低工资标准、一线环卫职工收入正常增长机制、职工健康体检疗休制度、职工互助互济保障机制、实施早晚班津贴、技能等级津贴制度、依法签订集体合作等核心问题。

统计数字显示：2014年本市环卫工人从业人员月平均工资比2013年增长14.9%，比2010年增长65%；4年间，环卫职工参加健康体检和疗休养分别为186089人次和155369人次。

二、关心一线环卫工人的生活。由于一线环卫工人都是露天工作的，而且又工作在大街小巷中，其作业环境是可想而知的。上海绿化市容行业工会也通过与环卫工人的平等协调，强调了在特定作业环境的工作生活的保障。

在盛夏酷暑等特定作业环境中，上海环卫市容行业工会则强调"安全防范送清凉"，要求防暑降温"五个到位"，其中包括劳防用品必须配置和发放到位；作业现场的清凉饮料必须及时供应到位；高温津贴必须及时足额发放到位；对高温作业、露天施工、高空作业必须监督检查到位；各级工会一线高温慰问及资金保障必须到位。

同时，欢迎各种沿街店面、企事业单位向环卫工人伸出援助之手，为他们提供免费饮水、加热饭菜、休憩场所等简单的便利条件。中石化上海分公司更是让596个加油站敞开大门为环卫工人提供休息、饮水、热饭、如厕等服务。中石化上海分公司通过网站传递："环卫工人是城市的美容师，他们起早贪黑，

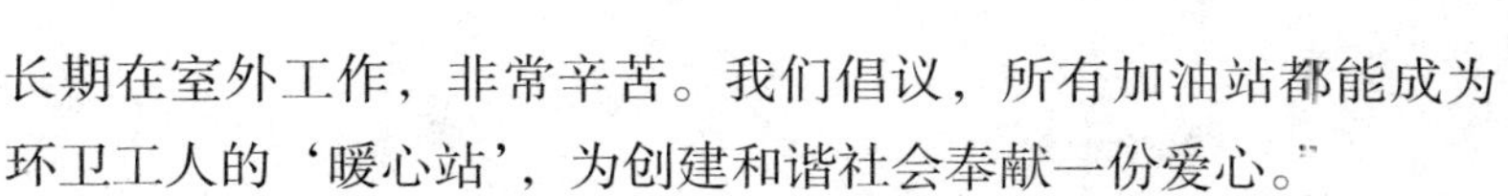

长期在室外工作，非常辛苦。我们倡议，所有加油站都能成为环卫工人的‘暖心站’，为创建和谐社会奉献一份爱心。”

三、着力提高环卫工人精细化运作水平，实施“1+x”的道路保洁模式。所谓“1”，是指在道路保洁中必须要做到的流程；“x”是指根据实际情况增加的工艺，包括大件垃圾拣拾、道路喷淋、机械洗磨、快速拣扫等。

为了完善环卫工人精细化保洁，环卫主管部门积极推进“培养、练兵、比武、晋级、奖励”五位一体的模式，从而推动了环卫行业的技能发展。

上海环卫工人的行业地位得到了应有的尊重，工资福利得到了公平的享有，企业内部得到了和谐的发展，上海的城市卫生也显得更加的整洁。

（以上资料来自“上海文明网”）

1. 践行平等公正的理念和推行和谐社会的发展有什么关系？

2. 有人说平等和公正是源于西方的价值观，你同意这种说法吗？为什么？